高等职业教育旅游类专业系列教材

世界银行贷款云南省职业教育发展项目课程改革开发系列教材

职业生涯规划与就业创业指导

ZHIYE SHENGYA GUIHUA YU
JIUYE CHUANGYE ZHIDAO

◎ 主　编　张　强　李静怡

◎ 副主编　谭　彬　廖　颜

◎ 参　编　袁秀许　王定国

　　　　　　惠　雷　杨锡山

重庆大学出版社

内容提要

本书是结合当前高职学生在校学习和毕业生求职就业及创业情况编写而成,旨在给高职学生在学习生活、求职择业和创业方面以指导帮助。全书分为11个项目,涵盖了职业生涯规划与管理,求职面试中信息收集、简历制作、面试技巧,创业中有关创业认知、创业计划书撰写、创业实施等几个方面的内容。

本书可作为高职高专的职业生涯规划与就业创业指导课程的教材,也可供从事职业生涯规划和就业创业指导工作人员及相关资讯培训机构的培训教材使用。

图书在版编目(CIP)数据

职业生涯规划与就业创业指导 / 张强,李静怡主编.
—重庆:重庆大学出版社,2017.1(2023.11重印)
高等职业教育旅游类专业系列教材
ISBN 978-7-5689-0338-7

Ⅰ.①职… Ⅱ.①张…②李… Ⅲ.①职业选择—高
等职业教育—教材 Ⅳ.①G647.38

中国版本图书馆CIP数据核字(2016)第299422号

高等职业教育旅游类专业系列教材
世界银行贷款云南省职业教育发展项目课程改革开发系列教材
职业生涯规划与就业创业指导
主 编 张 强 李静怡
副主编 谭 彬 廖 颜
参 编 袁秀许 王定国 惠 雷 杨锡山
策划编辑:马 宁
责任编辑:李桂英 姜 凤 版式设计:马 宁
责任校对:谢 芳 责任印制:张 策
*
重庆大学出版社出版发行
出版人:陈晓阳
社址:重庆市沙坪坝区大学城西路21号
邮编:401331
电话:(023)88617190 88617185(中小学)
传真:(023)88617186 88617166
网址:http://www.cqup.com.cn
邮箱:fxk@cqup.com.cn(营销中心)
全国新华书店经销
POD:重庆愚人科技有限公司
*
开本:787mm×1092mm 1/16 印张:11.25 字数:260千
2017年1月第1版 2023年11月第4次印刷
ISBN 978-7-5689-0338-7 定价:27.00元

编委会

总　序

随着中国经济转型发展的不断深入，旅游业已经成为经济新常态的亮点和发展方向之一。云南省凭借得天独厚的自然旅游资源、丰富的人文旅游资源，云南旅游业得到了快速发展，已成为云南省重要的支柱产业和推动经济社会又好又快发展的重要引擎。为积极融入国家"一带一路"建设，实现"旅游强省"的发展目标，云南迫切需要造就和聚集一支高素质的旅游人才队伍，以满足旅游产业全域式发展，推动全省旅游服务向国际化、标准化、专业化和品牌化的方向发展。高职高专旅游教育作为云南旅游教育的重要组成部分，肩负着为云南旅游业培养大量的应用型旅游专业人才的重任。

在研究和分析目前众多旅游高职高专系列教材优缺点的基础上，在云南省教育厅和世界银行贷款云南省职业教育发展项目云南省项目办的关心支持下，在英国剑桥教育集团、云南旅游职业学院校企合作、专业建设指导委员会的具体指导下，我们按照高职高专教育特点、符合高职高专教育要求和人才培养目标，既有理论广度和深度，又能提升学生实践应用能力，满足应用型旅游专业人才培养需要的专业教材目标，组织由企业、行业专家和学院骨干教师组成的教材开发团队编写了能覆盖旅游高职高专教育多个专业的高等职业教育旅游类专业系列教材。

本系列教材具有以下3个特点。

1. 按照"能力本位"原则确定课程目标。扭转传统教材目标指向，由知识客体转向学生主体，以学生心理品质的塑造和提升为核心目标，并通过其外部行为的改变来反映这些变化，突出培养学生在工作过程中的综合职业能力，充分体现了高等职业教育的职业性、实践性和实用性。

2. 坚持"行业、企业"专家导向组织内容。采用"行（企）业专家+专业教师+课程专家"的开发模式，打破传统教材开发形式，基于行（企）业专家提出的典型工作任务，在课程专家的指导和帮助下，由专业教师提炼出适配的知识、技能和态度等方面的教育标准，再通过多种技术方法设计教学任务，形成满足酒店管理、导游、旅游英语、空中乘务、休闲服务与管理、宝玉石鉴定与加工、计算机信息管理（旅游方向）等多个专业使用的教材。

3. 运用"学生能力本位"思想安排教学。由"教程"向"学程"，转变传统课堂教育中教师的主宰地位，成为促进学生主动学习的组织者和支持者，强调和重视学习任务与学生认知规律保持一致。保持各专业系列教材之间，课堂教学和实训指导之间的相关性、独立性、衔接性与系统性，处理好课程与课程之间、专业与专业之间的相互关系，避免内容的断缺和不必要的重复。

作为目前全国唯一的得到世界银行支持的高等职业教育旅游类系列教材，我们邀请了英国剑桥教育集团课程开发专家和云南省世界银行贷款项目办的教育专家作为本系列教材的顾问和指导，也邀请了多位在旅游高职高专教育一线从事教学工作的国内旅游教育界知名学者和企业界有影响的企业家参与本系列教材的编审工作，以确保系列教材的知识性、应用性和权威性。

本系列教材的第一批教材即将出版面市，我们想通过此套教材的编写与出版，为构建现代高等职业教育教材开发建设探索一种新的教材编写和出版模式，并力图使其成为一个优化配套的、被广泛应用的、具有专业针对性和学科应用性的旅游高职高专教育的教材体系。

云南旅游职业学院

2016年8月

前　言

　　随着我国市场经济体制改革的推进，市场日渐成为资源配置的决定性因素。高等职业学院的学生作为整个社会劳动力资源的一部分，最终将进入市场，在双向选择中确定自己的职业、开始自己人生的新阶段。为增强自己的求职竞争力，提高自己的持续发展能力，高职学生有必要学习职业生涯规划以及就业创业的相关知识，掌握职业生涯规划的基本技能；熟悉并学会就业及创业过程中的基本知识与技巧，为自己将来的求职奠定坚实的基础。为此我们编写了这本教材。

　　本书的最大特色是摈弃了大多数此类教材在理论知识上的求全、求精、求深，满足于使学生获得知识，最终"知道却不能做到"的弊病，坚持以项目为核心、以任务为引导，把"学"和"做"有机统一起来，力争使学生在"做中学"、在"学中做"，使学生通过大量的活动训练切实掌握职业生涯规划和就业创业过程中所需的基本知识和大量具体技能，并在实际操作中熟练运用，最终提升自己的综合竞争力。

　　本书由张强、李静怡任主编，谭彬、廖颜任副主编，袁秀许、王定国、惠雷、杨锡山任参编。具体编写分工如下：项目1由谭彬编写；项目2由袁秀许编写；项目3由张强编写；项目4由王定国编写；项目5至项目8由李静怡编写；项目9由廖颜编写；项目10由惠雷编写；项目11由杨锡山编写。

　　因为是初版，本书实际效果如何，需要在教学实践中加以检验。同时由于编者水平有限，书中难免存在缺点和不妥之处，恳请各方面提出批评意见，以便进一步修改完善。

编　者

2016年8月

目　录

项目 **1**

探索自我

【任务描述】

　　职业生涯规划的前提是认识自我，只有在对自我客观充分认识的基础上才能对自己的职业生涯作出科学合理的规划。认识自我需要运用一系列工具对自我从性格、兴趣、能力、价值观这几个方面进行探索。

【任务分析】

　　在老师的指导下学会使用相关的测量工具对自己进行多方面的探索，比较准确客观地认识自己的性格类型、兴趣特点、能力状况、价值观类型。

【环境准备】

　　1.每个学生配备教材一本。
　　2.配备多媒体教室一间。

1.1　性格探索

　　在古希腊帕尔纳索斯山神庙的一块大石碑上刻着这样一句话："你要认识你自己"。但现实是大学生们时常被"我是一个什么样的人""我适合做什么""我能做什么"等问题所困扰。所以，大学生的自我认知是做好职业生涯规划的首要前提，只有全面的自我认知才能使我们勇于接纳自己，欣赏自己，克服成长障碍，充分挖掘潜力，使自己的职业生涯规划顺利进行，最终实现职业理想。

1.1.1　探索活动

我是谁？

请用15个陈述句来描述自己。

①我是_____

②我是_____

③我是_____

④我是_____

⑤我是_____

⑥我是_____

⑦我是_____

⑧我是_____

⑨我是_____

⑩我是_____

⑪我是_____

⑫我是_____

⑬我是_____

⑭我是_____

⑮我是_____

性格的定义活动：

请像平常一样在纸上签名，然后换一只手。

思考：感觉有何不同？

1.1.2 性格的基本知识

1）基本含义

性格是人对现实的态度和行为方式中较稳定的个性心理特征。它是个性的核心部分，最能表现个别差异。性格具有复杂的结构，大体包括：

①对现实和自己的态度的特征，如诚实或虚伪、谦逊或骄傲等。

②意志特征，如勇敢或怯懦、果断或优柔寡断等。

③情绪特征，如热情或冷漠、开朗或抑郁等。

④情绪的理智特征，如思维敏捷、深刻、逻辑性强或思维迟缓、浅薄、没有逻辑性等。

2）性格形成因素

东方古语云："积行成习，积习成性，积性成命。"西方也有名言："播下一个行为，收获一种习惯；播下一种习惯，收获一种性格；播下一种性格，收获一种命运。"可见对性格形成的看法都是一样的。性格形成的因素很复杂和细碎，如果概括出其形成的主要表现，主要体现在基因遗传因素、成长期发育因素和社会环境的影响因素3个方面。可以说，它既有来自于本身的因素，同时也具备着相应的环境影响。从这个角度分析，性格是可以改变的，可需要大量量变之后的质变作用。

3）职业性格测试理论

在职业心理中，性格影响着一个人对职业的适应性，一定的性格适于从事一定的职业；同时，不同的职业对人有不同的性格要求。心理学是一门成熟的学科，有不少流派、有很多心理学者对性格作了研究，有很多心理学理论，现选择其中两个理论介绍，因这两个理论与我们的职业选择有关。

（1）大五人格理论

性格测评以20世纪80年代末兴起的"大五人格理论"为基础。所谓"大五"，是指人的个性可从五大维度进行评估：外倾性（E）、神经质（N）、开放性（O）、宜人性（A）、尽责性（C）。这样的划分具有普遍意义，即使在截然不同的语言体系，诸如汉语和德语中，测评的结果也都能适用。

①外倾性（E）。其显著标志是个体对外部世界的积极投入。外向者乐于和人相处，充满活力，常常怀有积极的情绪体验；内向者往往安静、抑制、谨慎，对外部世界不太感兴趣。内向者喜欢独处，内向者的独立和谨慎有时会被错认为不友好或傲慢。

②神经质或情绪稳定性（N）。神经质是指个体体验消极情绪的倾向。神经质维度得分高的人更容易体验到诸如愤怒、焦虑、抑郁等消极的情绪。他们对外界刺激反应比一般人强烈，对情绪的调节能力比较差，经常处于一种不良的情绪状态下。并且这些人思维、决策以及有效应对外部压力的能力比较差。相反，神经质维度得分低的人较少烦恼，较少情绪化，比较平静，但这并不表明他们经常会有积极的情绪体验，积极情绪体验的频繁程度是外倾性的主要内容。

③开放性（O）。开放性用于描述一个人的认知风格。开放性得分高的人富有想象力和创造力，好奇，欣赏艺术，对美的事物比较敏感。开放性的人偏爱抽象思维，兴趣广泛。封闭性的人讲求实际，偏爱常规，比较传统和保守。开放性的人适合教授等职业，封闭性的人适合警察、销售、服务性等职业。

④宜人性或随和性（A）。反映了个体在合作与社会和谐性方面的差异。宜人的个体重视和他人的和谐相处，因此他们体贴友好，乐于助人，愿意谦让。不宜人的个体更加关注自己的利益，他们一般不关心他人，有时候还怀疑他人的动机。不宜人的个体非常理性，很适合科学、工程、军事等此类要求客观决策的情境。

⑤尽责性（C）。是指我们控制、管理和调节自身冲动的方式。冲动并不一定就是坏事，有时候环境要求我们能够快速决策。冲动的个体常被认为是快乐的、有趣的、很好的玩伴。但是冲动的行为常常会给自己带来麻烦，虽然会给个体带来暂时的满足，但却容易产生长期的不良后果，比如攻击他人、吸食毒品等。冲动的个体一般不会获得很大的成就。谨慎的人容易避免麻烦，能够获得更大的成功。人们一般认为谨慎的人更加聪明和可靠，但是谨慎的人可能是一个完美主义者或者是一个工作狂。极端谨慎的个体让人觉得单调、乏味、缺乏生气。

（2）MBTI人格理论

MBTI人格理论的基础是著名心理学家卡尔·荣格先生关于心理类型的划分，后由美国的心理学家凯瑟琳·布里格斯与其女儿伊莎贝尔·迈尔斯研究并发展起来的。经过长达50多年的研究和发展，MBTI已经成为了当今全球最为著名和权威的性格测试。

这种理论可以帮助解释为什么不同的人对不同的事物感兴趣、擅长不同的工作，并且有时不能互相理解。这个工具已经在世界上运用了将近30年的时间。

MBTI人格理论共有4个维度，每个维度有2个方向，共计8个方面。分别是：

精力支配：外向 E —— 内向 I

认识世界：感觉 S —— 直觉 N

判断事物：思维 T —— 情感 F

生活态度：判断 J —— 知觉 P

①EI 外向—内向。

外向：从人际交往中获得能量。

- 喜欢外出
- 表情丰富、外露
- 喜欢交互作用，合群
- 喜行动、多样性（不能长期坚持）
- 不怕打扰，喜自由沟通
- 讲，然后想；易冲动、易后悔、易受他人影响

内向：从时间中获得能量。

- 喜静、多思、冥想（离群、与外界相互误解）
- 谨慎、不露表情
- 社会行为的反射性（会失去机会）
- 独立、负责、细致、周到、不蛮干
- 不怕长时间做事、勤奋；怕打扰
- 先想然后讲

②SN感觉—直觉。

感觉：

- 通过五官感受世界、注重真实的存在、实际
- 用已经有的技能解决问题
- 喜具体明确
- 重细节（少全面性）
- 脚踏实地
- 做事有可能的结果、能忍耐、小心
- 可做重复工作（不喜新）不喜展望

直觉：

- 通过第六感洞察世界、注重应该如何，比较笼统
- 喜学新技能
- 不重准确、喜抽象和理论
- 重可能性，讨厌细节
- 好高骛远，喜欢新问题
- 凭爱好做事，对事情的态度易变
- 提新见解、匆促结论

③TF思维—情感。

思维：

- 分析，用逻辑客观方式决策
- 坚信自己的观点正确，不考虑他人意见
- 清晰、正义、不喜欢调和主义
- 批判和鉴别力
- 规则

• 工作中少表现出情感，也不喜欢他人感情用事

情感：

• 主观和综合，用个人化的、价值导向的方式决策；考虑决策对他人的影响

• 和谐、宽容、喜欢调解

• 不按照逻辑思考

• 考虑环境

• 喜欢工作场景中的情感，从赞美中得到享受，也希望得到他人的赞美

④JP判断—知觉。

判断：

• 封闭定向

• 结构化和组织化

• 时间导向

• 决断，事情都有正误之分

• 喜命令，控制、反应迅速，喜欢完成任务

• 不善适应

知觉：

• 开放定向

• 弹性化和自发化

• 探索和开放结局

• 好奇，喜欢收集新信息而不是作结论

• 喜欢观望，喜欢开始许多新的项目，但不完成

• 优柔寡断、易分散注意

（3）MBTI测试的16种类型

4个维度，两两组合，共有16种类型。以各个维度的字母表示类型，如下：

ESFP	ISFP	ENFJ	ENFP
ESTP	ISTP	INFJ	INFP
ESFJ	ISFJ	ENTP	INTP
ESTJ	ISTJ	ENTJ	INTJ

4个维度在每个人身上会有不同的比重，不同的比重会导致不同的表现，关键在于各个维度上的人均指数和相对指数的大小。

（4）MBTI16种人格类型

①ISTJ。

• 严肃、安静、借由集中心志与全力投入及可被信赖获得成功。

• 行事务实、有序、实际、逻辑、真实及可信赖。

• 十分留意且乐于任何事（工作、居家、生活）均有良好组织及秩序。

• 负责任。

• 照设定成效来作出决策且不畏阻挠与闲言，会坚定为之。

- 重视传统与忠诚。
- 传统的思考者或经理。

②ISFJ。

- 安静、和善、负责任且有良心。
- 行事尽责投入。
- 安定性高，常居项目工作或团体之安定力量。
- 愿投入、吃苦及力求精确。
- 兴趣通常不在于科技方面，对细节事务有耐心。
- 忠诚、考虑周到、知性且会关切他人感受。
- 致力于创构有序及和谐的工作与家庭环境。

③INFJ。

- 因为坚忍、创意及必须达成的意图而能成功。
- 会在工作中投注最大的努力。
- 默默强力地、诚挚地及用心地关切他人。
- 因坚守原则而受敬重。
- 提出造福大众利益的明确远景而为人所尊敬与追随。
- 追求创见、关系及物质财物的意义及关联。
- 想了解什么能激励别人及对他人具洞察力。
- 光明正大且坚信其价值观。
- 有组织且果断地履行其愿景。

④INTJ。

- 具有强大动力与本意来达成目的与创意——固执顽固者。
- 有宏大的愿景且能快速在众多外界事件中找出有意义的模范。
- 对所承负职务，具良好能力于策划工作并完成。
- 具怀疑心、挑剔性、独立性、果决，对专业水准及绩效要求高。

⑤ISTP。

- 冷静旁观者——安静、预留余地、弹性及会以无偏见的好奇心与未预期原始的幽默观察与分析。
- 有兴趣于探索原因及效果，技术事件是为何及如何运作且使用逻辑的原理组构事实、重视效能。
- 擅长于掌握问题核心及找出解决方式。
- 分析成事的缘由且能实时由大量资料中找出实际问题的核心。

⑥ISFP。

- 羞怯的、安宁和善的、敏感的、亲切的且行事谦虚。
- 喜于避开争论，不对他人强加己见或价值观。
- 无意于领导却常是忠诚的追随者。
- 办事不急躁，安于现状无意于以过度的急切或努力破坏现况，且非成果导向。

• 喜欢有自己的空间和按照自己订的日程办事。

⑦INFP。

• 安静的观察者，具理想性与对其价值观及重要之人具忠诚心。

• 希望外在生活形态与内在价值观相吻合。

• 具好奇心且很快能看出机会所在。常担负开发创意的触媒者。

• 除非价值观受侵犯，行事会具弹性、适应力高且承受力强。

• 具想了解及发展他人潜能的企图。想做太多且做事全神贯注。

• 对所处境遇及拥有不太在意。

• 具适应力、有弹性除非价值观受到威胁。

⑧INTP。

• 安静、自持、弹性及具适应力。

• 特别喜爱追求理论与科学事理。

• 习于以逻辑及分析来解决问题——问题解决者。

• 最有兴趣于创意事务及特定工作，对聚会与闲聊无大兴趣。

• 追求可发挥个人强烈兴趣的生涯。

• 追求发展对有兴趣事务之逻辑解释。

⑨ESTP。

• 擅长现场实时解决问题——解决问题者。

• 喜欢办事并乐于其中及过程。

• 倾向于喜好技术事务及运动，交结同好友人。

• 具适应性、容忍度、务实性；投注心力于会很快具成效的工作。

• 不喜欢冗长概念的解释及理论。

• 最专精于可操作、处理、分解或组合的真实事务。

⑩ESFP。

• 外向、和善、接受性、乐于分享喜乐予他人。

• 喜欢与他人一起行动且促成事件发生，在学习时亦然。

• 知晓事件未来的发展并会热烈参与。

• 最擅长于人际相处能力及具备完备常识，很有弹性能立即适应他人与环境。

• 对生命、人、物质享受的热爱者。

⑪ENFP。

• 充满热忱的、活力充沛的、聪明的、富想象力的，视生命充满机会但期待能得到他人的肯定与支持。

• 几乎能达成所有有兴趣的事。

• 对难题很快就有对策并能对有困难的人施以援手。

• 依赖能改善的能力而无须预作规划准备。

• 为达目的常能找出强制自己为之的理由。

• 即兴执行者。

⑫ENTP。
- 反应快、聪明、长于多样事务。
- 具激励伙伴、敏捷及直言不讳等专长。
- 会为了有趣对问题的两面加以争辩。
- 对解决新及挑战性的问题富有策略，但会轻忽或厌烦经常的任务与细节。
- 兴趣多元，易倾向于转移至新生的兴趣。
- 对所想要的会有技巧地找出逻辑的理由。
- 长于看清楚他人，有智能去解决新或有挑战的问题。

⑬ESTJ。
- 务实、真实、事实倾向，具企业或技术天分。
- 不喜欢抽象理论；最喜欢学习可立即运用事理。
- 喜好组织与管理活动且专注于以最有效率方式行事以达到成效。
- 具决断力、关注细节且很快作出决策——优秀行政者。
- 会忽略他人感受。
- 喜作领导者或企业主管。

⑭ESFJ。
- 诚挚、爱说话、合作性高、受欢迎、光明正大的——天生的合作者及活跃的组织成员。
- 重和谐且长于创造和谐。
- 常做对他人有益事务。
- 给予鼓励及赞许会有更佳工作成效。
- 最有兴趣于会直接及有形影响人们生活的事务。
- 喜欢与他人一起精确且准时地完成工作。

⑮ENFJ。
- 热忱、易感应及负责任的——具有能鼓励他人的领导风格。
- 对别人所想或希求会表达真正关切且切实用心去处理。
- 能怡然且有技巧性地带领团体讨论或演示文稿提案。
- 爱交际、受欢迎及富同情心。
- 对赞许及批评很在意。
- 喜欢带领别人且能使别人或团体发挥潜能。

⑯ENTJ。
- 坦诚、具决策力的活动领导者。
- 长于发展与实施广泛的系统以解决组织的问题。
- 专精于具内涵与智能的谈话，如对公众演讲。
- 乐于经常吸收新知且能广开信息渠道。
- 易生过度自信，强于表达自己的意见。
- 喜于长程策划及目标设定。

其中两两组合，可以组合成16种人格类型。实际上这16种类型又归于4个大类之中，在此我们将4个大类筛选并总结如下：

①SJ型：忠诚的监护人。

具有SJ偏爱的人的共性是有很强的责任心与事业心，他们忠诚、按时完成任务，推崇安全、礼仪、规则和服从，他们被一种服务于社会需要的强烈动机所驱使。他们坚定、尊重权威、等级制度，持保守的价值观。他们充当着保护者、管理员、稳压器、监护人的角色。大约有50%SJ偏爱的人被政府部门及军事部门的职务所吸引，并且显现出卓越才能。其中在美国执政过的41位总统中有20位是SJ偏爱的人。例如：乔治·布什（George Bush）、维多利亚女王（Queen Victoria）、伊丽莎白女王（Queen Elizabeth）、乔治·华盛顿（George Washington）等。

②SP型：天才的艺术家。

有SP偏好的人有冒险精神，反应灵敏，在任何要求技巧性强的领域中游刃有余，他们常常被认为是喜欢活在危险边缘寻找刺激的人。

他们为行动、冲动和享受现在而活着。约有60% SP偏好的人喜欢艺术、娱乐、体育和文学，他们被称赞为天才的艺术家。

我们熟悉的歌星麦当娜、篮球魔术师约翰逊、音乐大师莫扎特等都是具有SP性格特点的例子。例如：迈克尔·乔丹（Michael Jordan）、伊丽莎白·泰勒（Elizabeth Taylor）、玛丽莲·梦露（Marilyn Monroe）、巴勃罗·毕加索（Pablo Picasso）等。

③NT型：科学家、思想家的摇篮。

具有NT偏爱的人有着天生的好奇心，喜欢梦想，有独创性、创造力、洞察力，有兴趣获得新知识，有极强的分析问题、解决问题的能力。他们是独立的、理性的、有能力的人。

人们称NT是思想家、科学家的摇篮，大多数NT类型的人喜欢物理、研究、管理、计算机、法律、金融、工程等理论性和技术性强的工作。例如：比尔·盖茨（Bill Gates）、乔治·索罗斯（George Soros）、阿尔伯特·爱因斯坦（Albert Einstein）、玛格丽特·撒切尔（Margaret Thatcher）等。

④NF型：理想主义者、精神领袖。

具有NF偏爱的人在精神上有极强的哲理性，他们善于言辩、充满活力、有感染力、能影响他人的价值观并鼓舞其激情。他们帮助别人成长和进步，具有煽动性，被称为传播者和催化剂。

约有50%的人在教育界、文学界、宗教界、咨询界以及心理学、文学、美术和音乐等行业显示着他们的非凡成就。例如：弗拉基米尔·列宁（Vladimir Lenin）、奥普拉·温弗尼（Oprah Winfrey）、夏洛特姐妹（Emily Bronte and Dickenson）、莫罕达斯·甘地（Mohandas Gandhi）等。

1.2　兴趣探索

1.2.1　探索活动

6岛环游

假设在你度"十一"长假途中，你所乘坐的轮船突然发生了故障，必须紧急靠岸。此时，轮船正处于以下6个岛屿中间。你希望选择哪一个岛屿靠岸？请按照优先顺序选择3个岛屿。

条件：至少要在所选择的岛屿上生活半年。

6个岛屿分别如下所示。

A岛：美丽浪漫的岛屿。岛上许多美术馆、音乐厅、街头雕塑和街边艺人，弥漫着浓厚的艺术文化气息。当地的居民很有艺术修养、创新和直觉能力。他们保留了传统的舞蹈、音乐与绘画。许多文艺界的朋友都喜欢到这里找寻灵感。

I岛：深思冥想的岛屿。岛上人迹较少，建筑物多偏于一隅，平畴绿野，适合夜观星象。岛上有多处天文馆、科技博览馆及科学图书馆等。岛上居民喜好观察、学习、探究、分析，崇尚和追求真知，常有机会和来自各地的哲学家、科学家、心理学家等交换心得。

C岛：现代化的岛屿。岛上建筑十分现代化，是进步的都市形态。以完善的户政管理、地政管理、金融管理见长。岛民个性冷静保守，处事有条不紊，善于组织规划，细心高效。

R岛：自然的原始岛屿。岛上保留有原始森林，自然生态保持得很好，有多种野生动物。岛上居民生活状态还相当原始，他们以手工业见长。自己种植花果蔬菜，修缮房屋，打造器物，制作工具，喜欢户外运动。

S岛：友善亲切的岛屿。岛上居民个性温和、十分友善、乐于助人，社区均自成一个密切互动的服务网络，人们重视互助合作，重视教育，关怀他人，充满人文气息。

E岛：显赫富庶的岛屿。岛上的居民善于企业经营和贸易，能说会道，以口才见长。岛上的经济高度发展，处处是高级饭店、俱乐部、高尔夫球场。来往者多是企业家、经理人、政治家、律师等，曾数次在这里召开财富论坛和其他行业巅峰会议。

1.2.2　兴趣的基本知识

1）兴趣的定义

兴趣是指一个人积极探究某种事物及爱好某种活动的心理倾向。它是人认识需要的情绪表现，反映了人对客观事物的选择性态度。

兴趣是需要的一种表现方式，人们的兴趣往往与他们的直接或间接需要有关。一个人对某种事物感兴趣，就会产生接近这种事物的倾向，并积极参与有关活动，表现出乐此不疲的极大热情。任何人的兴趣都不是与生俱来的，都可以从后天的生活实践中培养起来；同样的，它也可能随着环境的变迁或个人自身的成长成熟而发生变化。

兴趣发自人的内心，是一种心理活动。因为兴趣，人的潜能可以释放，能力会得到发挥，在这种情境下，人不仅充满活力、潇洒自如、其乐无穷，而且得心应手、如虎添翼。有学者说："兴趣是一种发自内心的情感倾向，需要调动眼睛、耳朵、鼻子等感觉器官搜集相关的信息，为之添砖加瓦；并通过大脑对这些信息进行加工，不间断地产生思想火花，为之推波助澜。"

2) 兴趣的作用

兴趣在人的生活中有着重要的意义。健康而广泛的兴趣使人能体会到生活的丰富和乐趣，深入而巩固的兴趣能成为事业成功的动力。具体来说，兴趣的作用有3种。

第一，兴趣具有驱动力的作用。兴趣是推动人进行活动的重要的心理因素，它能使人集中精力，积极愉快地从事某种活动。

第二，兴趣具有开发作用。兴趣是开发潜能的钥匙，可以激发个体进行创造活动的内部动机，使其感知力敏锐，创造性思维活跃，想象丰富；同时兴趣也能激发个体强烈的创造热情，增强克服困难的信心和决心。

第三，兴趣具有集中注意力的作用。兴趣可以使人摒除杂念，消除紧张、畏惧等心理状态，使个体心力集中，摆脱烦恼，克服阻力，攻克"问题"和"难关"。

近代思想家、学者梁启超对兴趣的重要作用曾有过精辟的阐述，他说："总而言之，趣味是活动的源泉，趣味干竭，活动便跟着停止，好像机器里没有原料，发不出蒸汽，任凭你多大的机器，总要停摆……人类若到把趣味完全更新丧失掉的时候，老实说，便是生活得不耐烦，那人虽然勉强留在世间，也不过是行尸走肉。"

3) 职业兴趣与个人兴趣

同样的，在工作世界里也有所谓的"职业兴趣"。职业兴趣是一个人力求认识、接触和掌握某种职业或专业的心理倾向。当兴趣的对象指向某职业时，就形成了职业兴趣。

一个人如果能根据自己的爱好去选择职业生涯，他的主动性将会得到充分发挥。即使十分疲倦和辛劳，也总是兴致勃勃，心情愉快；即使困难重重也绝不灰心丧气，且能想尽办法，百折不挠地去克服它，甚至废寝忘食，如醉如痴。爱迪生就是一个很好的例子。他几乎每天都在实验室里辛苦工作十几小时，在那里吃饭、睡觉，但丝毫不以为苦，"我一生中从未间断过一天工作"。他宣称："我每天其乐无穷。"

美国曾对2 000多位著名的科学家进行调查，发现很少有人是由于谋生的目的而工作，他们大多是出于个人对某一领域问题的强烈兴趣而孜孜以求。不计名利报酬，忘我地工作，他们的成功是与他们的兴趣相联系着的。兴趣是成功的一个重要的推动力，它能将你的潜能最大限度地调动起来，使你长期专注于某一方向，作出艰苦的努力，取得令人瞩目的成绩。

职业兴趣大多不是与生俱来的，但是它可以在自发的兴趣上加以培养而成。一般来说，职业兴趣的形成与人们所处的生活和家庭环境、曾经参与的实践活动、自身的认识水平以及所处的社会环境等都有着密切的联系。

1.2.3 霍兰德职业兴趣

约翰·霍兰德（John Holland）是美国约翰·霍普金斯大学心理学教授，美国著名的职业指导专家。他于1959年提出了具有广泛社会影响的职业兴趣理论。他认为人的人格类型、兴趣与职业密切相关，兴趣是人们活动的巨大动力，凡是具有职业兴趣的职业，都可以提高人们的积极性，促使人们积极地、愉快地从事该职业，且职业兴趣与人格之间存在很高的相关性。霍兰德认为，人格可分为现实型、研究型、艺术型、社会型、企业型和常规型6种类型（图1.1）。

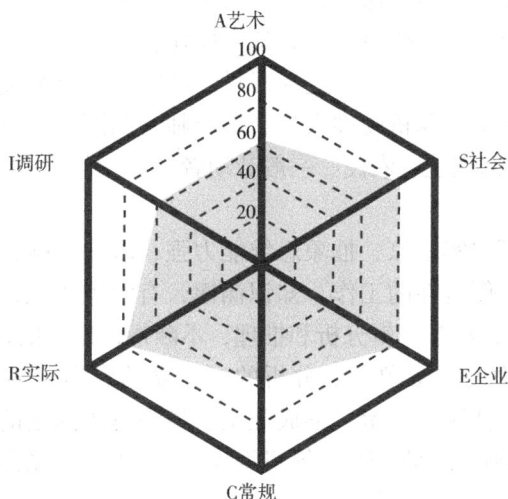

图1.1 人格的6种类型

1）六种类型内容

（1）社会型（S）

共同特征：喜欢与人交往、不断结交新的朋友、善言谈、愿意教导别人。关心社会问题、渴望发挥自己的社会作用。寻求广泛的人际关系，比较看重社会义务和社会道德。

典型职业：喜欢要求与人打交道的工作，能够不断结交新的朋友，从事提供信息、启迪、帮助、培训、开发或治疗等事务，并具备相应能力。如教育工作者（教师、教育行政人员），社会工作者（咨询人员、公关人员）。

（2）企业型（E）

共同特征：追求权力、权威和物质财富，具有领导才能。喜欢竞争、敢冒风险、有野心、抱负。为人务实，习惯以利益得失、权利、地位、金钱等来衡量做事的价值，做事有较强的目的性。

典型职业：喜欢要求具备经营、管理、劝服、监督和领导才能，以实现机构、政治、社会及经济目标的工作，并具备相应的能力。如项目经理、销售人员、营销管理人员、政府官员、企业领导、法官、律师。

（3）常规型（C）

共同特点：尊重权威和规章制度，喜欢按计划办事，细心、有条理，习惯接受他人的指挥和领导，自己不谋求领导职务。喜欢关注实际和细节情况，通常较为谨慎和保守，缺乏创造性，不喜欢冒险和竞争，富有自我牺牲精神。

典型职业：喜欢要求注意细节、精确度、有系统、有条理，具有记录、归档、具特定要求或程序组织数据和文字信息的职业，并具备相应能力。如秘书、办公室人员、记事员、会计、行政助理、图书馆管理员、出纳员、打字员、投资分析员。

（4）实际型（R）

共同特点：愿意使用工具从事操作性工作，动手能力强，做事手脚灵活，动作协调。偏好于具体任务，不善言辞，做事保守，较为谦虚。缺乏社交能力，通常喜欢独立做事。

典型职业：喜欢使用工具、机器，需要基本操作技能的工作。对要求具备机械方面才能、体力或从事与物件、机器、工具、运动器材、植物、动物相关的职业有兴趣，并具备相应能力。如技术性职业（计算机硬件人员、摄影师、制图员、机械装配工），技能性职业（木匠、厨师、技工、修理工、农民、一般劳动者）。

（5）调研型（I）

共同特点：思想家而非实干家，抽象思维能力强，求知欲强，肯动脑，善思考，不愿动手。喜欢独立的和富有创造性的工作。知识渊博，有学识才能，不善于领导他人。考虑问题理性，做事喜欢精确，喜欢逻辑分析和推理，不断探讨未知的领域。

典型职业：喜欢智力的、抽象的、分析的、独立的定向任务，要求具备智力或分析才能，并将其用于观察、估测、衡量、形成理论、最终解决问题的工作，并具备相应的能力。如科学研究人员、教师、工程师、计算机编程人员、医生、系统分析员。

（6）艺术型（A）

共同特点：有创造力，乐于创造新颖、与众不同的成果，渴望表现自己的个性，实现自身的价值。做事理想化，追求完美，不重实际。具有一定的艺术才能和个性。善于表达、怀旧、心态较为复杂。

典型职业：喜欢的工作要求具备艺术修养、创造力、表达能力和直觉，并将其用于语言、行为、声音、颜色和形式的审美、思索和感受，具备相应的能力。不善于事务性工作。如艺术方面（演员、导演、艺术设计师、雕刻家、建筑师、摄影家、广告制作人），音乐方面（歌唱家、作曲家、乐队指挥），文学方面（小说家、诗人、剧作家）。

然而，大多数人都并非只有一种性向（例如，一个人的性向中很可能是同时包含着社会性向、实际性向和调研性向这3种）。霍兰德认为，这些性向越相似，相容性越强，则一个人在选择职业时所面临的内在冲突和犹豫就会越少。为了帮助描述这种情况，霍兰德建议将这六种性向分别放在一个正六三角形的每一角。

2）六种类型的内在关系

霍兰德所划分的六大类型，并非是并列的、有着明晰的边界的。他以六边形标示出六大类型的关系。

（1）相邻关系

相邻关系，如 RI、IR、IA、AI、AS、SA、SE、ES、EC、CE、RC及CR，属于这种关系的两种类型的个体之间共同点较多，现实型 R 、研究型 I 的人就都不太偏好人际交往，这两种职业环境中也都较少与人接触。

（2）相隔关系

相隔关系，如RA、RE、IC、IS、AR、AE、SI、SC、EA、ER、CI及CS，属于这种关系的个体之间共同点较相邻关系的少。

（3）相对关系

相对关系，在六边形上处于对角位置的类型之间即为相对关系，如 RS、IE、AC、SR、EI及CA，相对关系的人格类型共同点少，因此，一个共同人同时对处于相对关系的两种职业环境都兴趣很浓的情况较为少见。

人们通常倾向选择与自我兴趣类型匹配的职业环境，如具有现实型兴趣的人希望在现实型的职业环境中工作，可以最好地发挥个人的潜能。但职业选择中，个体并非一定要选择与自己兴趣完全对应的职业环境。一则因为个体本身常是多种兴趣类型的综合体，单一类型显著突出的情况不多，因此，评价个体的兴趣类型时也时常以其在六大类型中得分居前三位的类型组合而成，组合时根据分数的高低依次排列字母，构成其兴趣组型，如 RCA、AIS等；二则因为影响职业选择的因素是多方面的，不完全依据兴趣类型，还要参照社会的职业需求及获得职业的现实可能性。因此，职业选择时会不断妥协，寻求与相邻职业环境甚至相隔职业环境，在这种环境中，个体需要逐渐适应工作环境。但如果个体寻找的是相对的职业环境，意味着所进入的是与自我兴趣完全不同的职业环境，则我们工作起来可能难以适应，或者难以做到工作时觉得很快乐；相反，甚至可能会每天都工作得很痛苦。

1.3　能力探索

1.3.1　探索活动

我能做什么？

在这项活动中，让自己想想看"我会做哪些事情？"请用10个陈述句来描述自己的能力。只要是你会做的，都把它写出来，不一定要与工作有关。例如，"我能和别人相处得很好"或"我能操作计算机"等。

我能做的事情有：

A.我能_____

B.我能_____

C.我能＿＿＿＿＿＿＿＿＿＿＿＿＿＿＿＿＿＿＿＿＿＿＿＿＿＿＿＿＿＿＿＿＿＿

D.我能＿＿＿＿＿＿＿＿＿＿＿＿＿＿＿＿＿＿＿＿＿＿＿＿＿＿＿＿＿＿＿＿＿＿

E.我能＿＿＿＿＿＿＿＿＿＿＿＿＿＿＿＿＿＿＿＿＿＿＿＿＿＿＿＿＿＿＿＿＿＿

F.我能＿＿＿＿＿＿＿＿＿＿＿＿＿＿＿＿＿＿＿＿＿＿＿＿＿＿＿＿＿＿＿＿＿＿

G.我能＿＿＿＿＿＿＿＿＿＿＿＿＿＿＿＿＿＿＿＿＿＿＿＿＿＿＿＿＿＿＿＿＿＿

H.我能＿＿＿＿＿＿＿＿＿＿＿＿＿＿＿＿＿＿＿＿＿＿＿＿＿＿＿＿＿＿＿＿＿＿

I.我能＿＿＿＿＿＿＿＿＿＿＿＿＿＿＿＿＿＿＿＿＿＿＿＿＿＿＿＿＿＿＿＿＿＿

J.我能＿＿＿＿＿＿＿＿＿＿＿＿＿＿＿＿＿＿＿＿＿＿＿＿＿＿＿＿＿＿＿＿＿＿

在上面所陈述的诸多事情中，哪一件事你做得最好？第二好的又是哪一件？请试着将以上10件事情依照实际情况列出顺序，写在"顺序"栏中。表现最好填1，其次填2，以此类推。

1.3.2 职业能力的基本知识

1）职业能力的定义

所谓"能力"，是指导致价值目标完成的具体行为能力。它在遗传素质的基础上，经过培训教育，并在实践活动中吸取集体智慧和经验而形成发展起来的。

能力分为一般能力和特殊能力两种。一般能力是指在进行各种活动中必须具备的基本能力。它保证人们有效地认识世界，也称智力。智力包括个体在认识活动中所必须具备的各种能力，如感知能力（观察力）、记忆力、想象力、思维能力、注意力等，其中抽象思维能力是核心，因为抽象思维能力支配着智力的诸多因素，并制约着能力发展的水平。

特殊能力又称专门能力，是顺利完成某种专门活动所必备的能力，如音乐能力、绘画能力、数学能力、运动能力等。各种特殊能力都有自己的独特结构。如音乐能力就是由四种基本要素构成：音乐的感知能力、音乐的记忆和想象能力、音乐的情感能力、音乐的动作能力。这些要素的不同结合，就构成不同音乐家的独特的音乐能力。

一般能力和特殊能力相互关联。一方面，一般能力在某种特殊活动领域得到特别发展时，就可能成为特殊能力的重要组成部分。例如，人的一般听觉能力既存在于音乐能力之中，也存在于言语能力中。没有听觉的一般能力的发展，就不可能发展言语和音乐的听觉能力；另一方面，在特殊能力发展的同时，也发展了一般能力。观察力属一般能力，但在画家的身上，由于绘画能力的特殊发展，对事物一般的观察力也相应增强起来。人在完成某种活动时，常需要一般能力和特殊能力的共同参与。总之，一般能力的发展为特殊能力的发展提供了更好的内部条件，特殊能力的发展也会积极地促进一般能力的发展。

2）职业能力概述

职业能力是人们在职业活动中表现出来的实践能力，即从业者在职业活动中表现出来的能动地改造自然和改造社会的能力。

职业能力是人们从事某种职业的多种能力的综合。职业能力是人们从事某种职业活动必须具备的，影响职业活动效率的个人心理特征。人的职业能力是由多种能力叠加并复合而成的，它是人们从事某项职业必须具备的多种能力的总和，是择业的基本参照和就业的基本条件，也是胜任职业岗位工作的基本要求。例如，一位教师只具有语言表达能力是不够的，还必须具有对教学的组织和管理能力，对教材的理解和使用能力，对教学问题和教学效果的分析、判断能力等。

如果说职业兴趣或许能决定一个人的择业方向，以及在该方面所乐于付出努力的程度，那么职业能力则能说明一个人在既定的职业方面是否能够胜任，也能说明一个人在该职业中取得成功的可能性。

3）职业能力的构成

由于职业能力是多种能力的综合，因此，可以将职业能力分为一般职业能力、专业能力和综合能力。

（1）一般职业能力

一般职业能力主要是指一般的学习能力、文字和语言运用能力、数学运用能力、空间判断能力、形体知觉能力、颜色分辨能力、手的灵巧度、手眼协调能力等。此外，任何职业岗位的工作都需要与人打交道，因此，人际交往能力、团队协作能力、对环境的适应能力，以及遇到挫折时良好的心理承受能力都是我们在职业活动中不可缺少的能力。

（2）专业能力

专业能力主要是指从事某一职业的专业能力。在求职过程中，招聘方最关注的就是求职者是否具备胜任岗位工作的专业能力。例如，你去应聘教学工作岗位，对方最看重你是否具备最基本的教学能力。

（3）综合能力

这里的能力主要介绍国际上普遍注重培养的"关键能力"，主要包括以下四个方面。

①跨职业的专业能力。从以下3个方面可以体现出一个人跨职业的专业能力：一是运用数学和测量方法的能力；二是计算机应用能力；三是运用外语解决技术问题和进行交流的能力。

②方法能力。一是信息收集和筛选能力；二是掌握制订工作计划、独立决策和实施的能力；三是具备准确的自我评价能力和接受他人评价的承受力，并能从成败经历中有效地吸取经验教训。

③社会能力。主要是指一个人的团队协作能力、人际交往和善于沟通的能力。在工作中能够协同他人共同完成工作，对他人公正宽容，具有准确裁定事物的判断力和自律能力等，这是岗位胜任和在工作中开拓进取的重要条件。

④个人能力。社会责任心和诚信将越来越被重视，一个人的职业道德会越来越受到全社会的尊重和赞赏，爱岗敬业、工作负责、注重细节的职业人格会得到全社会的肯定和推崇。

1.3.3　制约职业能力的因素

1）一定的职业能力是胜任某种职业岗位的必要条件

任何一个职业岗位都有相应的岗位职责要求，一定的职业能力则是胜任某种职业岗位的必要条件。因此，求职者在进行择业时，首先要明确自己的能力优势以及胜任某种工作的可能性。在条件允许的情况下，可以由专业职业指导人员帮助分析，根据求职者的学历状况、职业资格、职业实践等来确定求职者的职业能力，必要时可通过心理测试作为参考，在基本确定求职者的职业能力和发展的可能性的基础上帮助求职者进行职业选择。

2）职业实践和教育培训是职业能力发展的前提

（1）职业实践促进职业能力的发展

职业能力是在实践的基础上得到发展和提高的，一个人长期从事某一专业劳动，能促使人的能力向高度专业化发展。例如，计算机文字录入人员，随着工作的熟练和经验的积累，录入的速度会越来越快，准确性也会越来越高。个体的职业能力只有在实际工作中才能不断得到发展、提高和强化。

（2）教育培训促进教育能力的提高

个体职业能力除了在实践中磨炼和提高之外，最有效的途径就是接受教育和培训。像我们所熟悉的职业教育、专科教育、大学本科教育、研究生教育等，学生通过对有关知识和技能的掌握，对以后更好地胜任本职工作会有极大的帮助。

（3）职业能力、职业发展与职业创造之间的关系

职业能力是人的发展和创造的基础。前面讲到能力是成功地完成某种任务或胜任工作的必不可少的基本因素，没有能力或能力低下，就难以达到工作岗位的要求，不能胜任。个体的职业能力越强，各种能力越是综合发展，就越能促进人在职业活动中的创造和发展，就越能取得较好的工作绩效和业绩，越能给个人带来职业成就感。

随着中国经济体制改革的深入、法制的不断健全完善，人的社会责任心和诚信将越来越被重视，假冒伪劣将越来越无藏身之地，一个人的职业道德会越来越受到全社会的尊重和赞赏，爱岗敬业、工作负责、注重细节的职业人格会得到全社会的肯定和推崇。

1.4　职业价值探索

1.4.1　故事

渔夫和商人的对话

有这样一个故事：一个美国商人坐在墨西哥海边一个小渔村的码头上，看着一个墨西

哥渔夫划着一艘小船靠岸。小船上有好几尾大黄鱼，这个美国商人问渔夫要多少时间才能抓这么多？墨西哥渔夫说，才一会儿工夫就抓到了。美国人接着问道，你为什么不待久一点，好多抓一些鱼？墨西哥渔夫觉得不以为然，这些鱼已经足够我一家人生活所需啦！

美国人又问：那么你一天剩下那么多时间都在干什么？墨西哥渔夫解释：我呀？我每天睡到自然醒，出海抓几条鱼，回来后跟孩子们玩一玩，再跟老婆睡个午觉，黄昏时晃到村子里喝点小酒，跟哥儿们玩玩吉他，我的日子可过得充满又忙碌呢！

美国人不以为然，帮他出主意，他说：我是美国哈佛大学企管硕士，我倒是可以帮你忙！你应该每天多花一些时间去抓鱼，到时候你就有钱去买条大一点的船，再买更多渔船。然后你就可以拥有一个渔船队。然后你可以自己开一家罐头工厂。如此你就可以控制整个生产、加工处理和行销。然后你可以离开这个小渔村，搬到墨西哥城，再搬到洛杉矶，最后到纽约，在那里经营你不断扩充的企业。墨西哥渔夫问：这又花多少时间呢？美国人回答：15年到20年。

然后呢？

美国人大笑着说：然后你就可以在家当皇帝啦！时机一到，你就可以宣布股票上市，把你的公司股份卖给投资大众。到时候你就发啦！你可以几亿几亿地赚！

然后呢？

美国人说：到那个时候你就可以退休啦！你可以搬到海边的小渔村去住。每天睡到自然醒，出海随便抓几条鱼，跟孩子们玩一玩，再跟老婆睡个午觉，黄昏时，晃到村子里喝点小酒，跟哥儿们玩玩吉他喽！

墨西哥渔夫疑惑地说：我现在不就是这样的吗？

1.4.2 思考

1.你如何看待渔夫和富翁的观点？
2.你愿意做他们当中的哪一个？
3.你希望的工作是怎样的？
4.你认为什么样的工作是好的工作，什么样的工作是不好的工作？为什么？

1.4.3 价值观的基本知识

价值观就是我们在生活和工作中所看重的原则、标准和品质，是指一个人对周围的客观事物（包括人、事、物）的意义、重要性的总评价和总看法。

价值观是一种内心尺度，它凌驾于整个人性之上，支配着人的行为、态度、观察、信念、理解等，支配着人认识世界、明白事物对自己的意义和自我了解、自我定向、自我设计等；也为人自认为正当的行为提供充足的理由。

俗话说"人各有志"，在一个人选择自己的职业时，这个志向其实就是他的职业价值观。

职业价值观是指人生目标和人生态度在职业选择方面的具体表现，也就是一个人对职业的认识和态度以及他对职业目标的追求和向往。

理想、信念、世界观对于职业的影响，集中体现在职业价值观上。

一个人通过工作所要追求的理想是什么？是金钱，是权力，还是一种情感关系？如果你的人生第一价值是快乐，你的人生又将会如何呢？如果你的人生第一价值是奉献，又将会产生什么样的人生呢？如果你的第一价值是成功，第二价值是家庭（所谓的目的价值），你将会拥有什么样的未来呢？如果你的第一价值是金钱（所谓的工具价值），第二价值是成功，第三价值是快乐，那又将营造出什么样的人生呢？

1.4.4　价值观的类型

心理学家马丁·凯茨找出了10种与工作有关的价值观，它们可以帮助一个人澄清在某个工作中所能得到的回报和满足。在20世纪60年代末，凯茨（Katz，1993）不厌其烦地研究了大约250种职业，以便确定这些职业在这10种职业价值观上是如何被评定的。这10种价值观包括以下内容。

①高收入。除足够生活的费用之外还有可以随意支配的钱。

②社会声望。是否受到人们的尊重。

③独立性。可以在职业中有更多自己作决定的自由。

④帮助别人。愿意把助人作为职业的重要部分，帮助他人改善其健康、教育和福利。

⑤稳定性。在一定时间内始终有工作，不会被轻易解雇，收入稳定。

⑥多样性。所从事的职业要参与不同的活动，解决不同的问题，不断变化工作场所，结识新人。

⑦领导力。在工作中可以控制事情的发展，愿意影响他人，承担责任。

⑧在自己感兴趣的领域中工作。坚持所从事的职业必须是自己感兴趣的领域。

⑨休闲。把休闲看得很重要，不愿意让工作影响休闲。

⑩尽早进入工作领域。涉及一个人是否在意进入工作领域的早晚，是否希望节省时间和不支付高等教育的费用而尽早进入工作领域。

我国学者阚雅玲将职业价值观分为以下12类。

①收入与财富。工作能够明显有效地改变自己的财务状况，将薪酬作为选择工作的重要依据。工作的目的或动力主要来源于对收入和财富的追求，并以此改善生活质量，显示自己的身份和地位。

②兴趣特长。以自己的兴趣和特长作为选择职业最重要的因素，能够扬长避短、趋利避害、择我所爱、爱我所选，可以从工作中得到乐趣、得到成就感。在很多时候，会拒绝做自己不喜欢、不擅长的工作。

③权力地位。有较高的权力欲望，希望能够影响或控制他人，使他人照着自己的意思去行动；认为有较高的权力地位会受到他人尊重，从中可以得到较强的成就感和满足感。

④自由独立。在工作中能有弹性，不想受太多的约束，可以充分掌握自己的时间和行动，自由度高，不想与太多人发生工作关系，既不想治人也不想治于人。

⑤自我成长。工作能够给予受培训和锻炼的机会，使自己的经验与阅历能够在一定的时间内得以丰富和提高。

⑥自我实现。工作能够提供平台和机会，使自己的专业和能力得以全面运用和施展，

实现自身价值。

⑦人际关系。将工作单位的人际关系看得非常重要，渴望能够在一个和谐、友好甚至被关爱的环境工作。

⑧身心健康。工作能够免于危险、过度劳累，免于焦虑、紧张和恐惧，使自己的身心健康不受影响。

⑨环境舒适。工作环境舒适宜人。

⑩工作稳定。工作相对稳定，不必担心经常出现裁员和辞退现象，免于经常奔波找工作。

⑪社会需要。能够根据组织和社会的需要响应某一号召，为集体和社会作出贡献。

⑫追求新意。希望工作的内容经常变换，使工作和生活显得丰富多彩，不单调枯燥。

1.4.5　价值观与职业生涯

价值观对人们自身行为的定向和调节起着非常重要的作用。价值观决定人的自我认识，它直接影响和决定一个人的理想、信念、生活目标和追求方向的性质。价值观是一种基本信念，它带有判断的色彩，代表了一个人对于什么是好、什么是坏，以及什么会令人喜爱的意见。每一个求职者由于其所受教育的不同和所处的环境的差异，在职业取向上的目标和要求也是不相同的。在许多场合，我们往往要在一些得失中作出选择，而左右我们选择的往往就是我们的职业价值观。

例如，是要工作舒适轻松，还是要高标准的工资待遇；要成就一番事业，还是要安稳太平。当两者有矛盾冲突时，最终影响我们决策的是存在于内心的职业价值观，而我们自己有时对自己的价值观并不是很清楚。价值观是人生决策的依据。当你知道了自己最重要的人生价值所在，那么怎么下决定就易如反掌；反之，如果你不知道什么对你是最重要的，那么就很难作出决定，往往成为痛苦的折磨。

有杰出成就的人，必然是因为能很快作出决定，那是因为他清楚地知道自己人生最重要的价值何在。在同一客观条件下，对于同一个事物，由于人们的价值观不同，就会产生不同的行为。在同一个单位中，有人注重工作成就，有人看重金钱报酬，也有人重视地位权力，这就是因为他们的价值观不同。价值观在人们的职业生涯发展中起到极其重要的、决定方向性的作用，甚至，往往超过了兴趣和性格对我们的影响。当我们有矛盾冲突或妥协与放弃时，常常也是出于价值的考虑。

价值观是支撑人类生活的精神支柱，它决定着人类行为的取向，决定着人们以什么样的心态和旨意去开创自己的新生活，因而，它对于人类的生活具有根本性的引导意义。不管在工作中或生活上，始终都要清楚地知道人生中最重要的价值是什么，然后不管周遭发生任何状况，毅然决然地遵从这些价值而活。这种生活态度我们必须始终一致，而不能计较这么做是不是有什么好处，即使这么做会得罪人也必须坚守原则。因为，人生真正的幸福只有一条路，那就是按照自己的价值观去生活，你怎样坚信，就怎样行动。大学生在选择职业时不能只看重职业本身的价值，还应看到职业对社会的创造和贡献。

人不能离开社会而独立存在，个人只有在工作中为社会作贡献才能实现自己的职业价值，事业首先是具有社会性的。大学生在选择职业时，必须看到自己对于社会的责任，并主动承担这种责任，这样的职业价值观才是高尚的，在这种高尚的价值观的驱动下，就能克服困难，就容易取得巨大的成功，才能为社会作出杰出的贡献，才能为世人所尊敬。

常见的"不良"工作价值观包括过分着眼于薪酬及其他福利，追求舒适的工作环境，期望工作性质多样化和具有趣味，要求有充足的空余时间休闲生活，梦想从事不需要负工作责任的工作，要求工作要有充足自由度和自主权，奢望从一份工作中什么都得到。我们应当清楚，很少有工作能够完全满足一个人所有的重要价值观，生活中亦是如此。因此，我们总是要不断地妥协和放弃，这是不可避免和必要的。所以，我们需要对自己的价值观进行澄清和排序，才能知道如何取舍。

项目 ② 认识职业

【任务描述】

职业院校的大学生，为了毕业后能顺利地找到自己满意的工作，在校学习期间，就要充分了解我国的就业形势，掌握职场基本知识，以便做好就业前的知识储备。

【任务分析】

为了在毕业时能顺利就业，找到适合自己的工作，需要了解职场的相关知识和我国的经济形势与就业形势，懂得如何进行职场探索等。

【环境准备】

1.每个学生配备教材一本。

2.配备多媒体教室一间。

2.1 职场探索

图2.1 职场

现代社会，失业已经成为人们的职场之痛。在经济危机时，让大部分人充分体验到了失业的滋味。对于即将进入职场的大学生，毕业就失业，求职难、难求职成了家常便饭。即使是就职时间不长的大学生，也有类似的问题。其实，产生这些困境的原因，除了一些不可抗的客观因素之外，也源于求职者对于职场缺乏一个全面系统的了解。

所谓职场，就是工作场所的简称，职场存在于所有的行业的工作场所，是软环境。通俗来讲，职场就是在你身边一个十几个人组成的小圈子，这个小圈子就是一个浓缩的社会（见图2.1）。

目前，我国劳动力市场还存在一些问题，主要是：

第一，劳动力供给总量过剩。随着国民经济进行战略性改组和结构大调整，经济增长方式的转变，我国大量的劳动力被释放出来。在我国，包括登记失业、城镇新增劳动力、新下岗职工、机构改革中分流、农转非等几项指标在内的处于未就业状态的劳动力数量有上千万人，农村约有上亿剩余劳动力，这大大加重了我国劳动力市场供大于求的矛盾。

第二，劳动力有效供给不足。中国面临的劳动力市场供过于求结构性失衡还表现在低素质或未开发的低质量人力资源大为过剩，具备现代文化素质和先进劳动技能的高质量人力资源又相对缺乏，在就业市场上存在着大量低质量的剩余劳动力，他们无法填补许多要求较高技术和技能的工作岗位。客观地说，适度失业人口的存在，有利于激励人们努力工作、努力学习，提高其自身的文化和技术素质，提高工作效率。但大量的失业人口的存在，一方面造成人力资源的巨大浪费，影响国民经济的发展；另一方面也会造成失业者及其家庭的生活困难，增加社会诸多不稳定因素。

第三，政府在劳动力就业方面的引导功能没有发挥到位，造成有的工作没人做，有的工作抢着做的现象。

我国的就业形势并不是十分乐观，对职场会产生重要的影响，对于即将进入就业市场的大学生应有足够的思想准备。当前主要有下面几点要引起大学生的高度注意：

①内外经济增速趋缓，对就业产生一定的影响。中国经济整体仍处在下滑周期中，经济发展速度放缓和结构调整，在客观上对劳动者就业结构产生一定的影响，同时也会对就业总体规模产生挤压效应，对劳动者就业产生影响。尤其是传统支柱产业企业改革的重组加快、淘汰落后产能、部分行业持续低迷及产能过剩将造成结构性失业和转型性失业，就业难度加大。国际经济发展形势的不确定性，风险和变数仍然较多，欧美主要经济体面临着财政紧缩、主权债务风险上升等诸多问题，新兴经济体面临着经济结构调整、出口下滑等问题，世界经济艰难复苏，影响着出口型经济及就业的发展。

②市场预期和企业转型升级对就业的影响依然较大。一是企业转型升级的步伐缓慢，一些中小企业、民营企业技术创新的能力还比较薄弱，产品结构转型的步伐比较缓慢，受国内外市场竞争、产品技术含量、附加值等因素的影响，企业不得已实施低价竞争策略，部分企业过分控制人工成本，支付给员工的工资待遇偏低，导致员工流失；二是部分企业对近期的生产形势不够乐观，裁员频繁，急于消解成本压力，这在一定程度上伤害了员工对企业的感情；三是部分企业的社会责任感比较欠缺，长期沿袭的需要就招工、不需要就解雇走人的用工模式伤害了劳动者的感情，让他们没有安全感和稳定感。

③社会对于毕业生学历层次的需求越来越高。目前，我国中高层次的人才严重短缺，社会对高层次的复合型、外向型和开拓型人才的需求日益迫切，呈现对人才结构的需求层次重心上移的趋势。在毕业生中研究生已越来越抢手，本科生还能基本平衡，专科生则较明显地呈现供过于求的趋势。高校、科研单位、大机关、大公司已经基本上以接收硕士生博士生为主，甚至连一些中小型单位都开始希望多接收研究生。这种社会现象致使现在不少用人单位存在人才高消费的错误观念，盲目追求高学历人才，因而对毕业生的需求出现扭曲，人为地制造了就业难。

④大学生的就业期望值居高不下。大学生普遍感到找不到理想的单位，而同时有许多基层一线的用人单位急需人才但又招聘不到毕业生，这就反映出大学生求高薪、求舒适、求名气的心态仍较普遍，当前大学生中以事业发展为重的并不占多数，而是普遍希望能到大城市、大机关、大公司、大企业等大单位工作，希望能去的单位名声好、工作条件好、生活待遇好、有出国机会，甚至离家比较近等。

大多数大学毕业生都想留在大城市、沿海开放城市工作，但目前实际最需要毕业生的却恰恰是那些边远地区、中小城市、艰苦行业的基层一线中小型单位，这些地区和单位人才奇缺，非常希望能接收到大学毕业生，但每年要人却年年要不到人，没有多少毕业生愿意到这些地方去，分配去的毕业生也容易流失。造成毕业生为一个较优越的职位竞争激烈，从而使不少毕业生错过择业良机。

⑤大学毕业生的能力素质与用人单位的要求存在较大差距。现在用人单位对高校毕业生的敬业精神、职业道德、思想道德觉悟和能力素质水平都提出了越来越高的要求，看重人品和能力，对专业反而越看越淡。不少单位已经开始对接收毕业生持宁缺毋滥的态度。大学毕业生中综合素质好、动手能力强、敬业精神好，以及有各种特长的毕业生越来越受欢迎。

党和国家对大学毕业生就业高度重视。根据不同的就业形势，国家每年都出台了相应的就业政策和措施，为引导、协调、安排毕业生就业提供了有力的保障；同时，随着社会的迅速进步，知识经济的突起，各种经济成分的共同发展，社会对人才的需求量越来越大，非公有制企业、乡镇企业、广大基层和欠发达地区更为毕业生提供了施展才华的广阔用武之地。国家政策大力扶持的就业项目有预征入伍、部队士官招聘、西部计划、大学生村官计划、三支一扶等。另外，国家积极鼓励高校毕业生自主创业，我们可以根据自身的条件，找准商机，发挥一技之长，自主创业，自谋职业，既解决了自己的就业，同时也为社会提供了新的就业渠道，缓解了就业压力。

大学生们也应清楚地认识到，提高自身素质、转变就业观念才能在就业竞争中占据主动地位，谋取到自己的理想职位。

①认真做好自身的职业生涯规划，做好就业准备。第一，树立正确的职业理想。我们一旦确定自己理想的职业，就要依据职业目标规划自己的学习和实践，并为获得理想的职业做好积极准备。第二，正确进行自我分析。自我分析即通过科学认知的方法和手段，对自己的兴趣、气质、性格和能力等进行全面分析，认识优势与特长、劣势与不足。

②提高自我的社会适应能力，提升就业能力。有的企业在挑选和录用大学毕业生时，同等条件下，往往优先考虑那些曾经参加过社会实践，具有一定组织管理能力的毕业生。这就需要我们在就业前就注重培养自身适应社会、融入社会的能力。

③转变就业观念。大学生应该从实际出发，彻底抛弃精英情结，树立大众化就业观。目前二三线城市急需大学生，民营中小企业等还存在大量的用人要求，我们还应树立基层意识、事业意识和奋斗意识，到基层去锻炼自己，挖掘自己的潜能，可以将眼光投向西部，到西部地区去锻炼成才，逐步树立起先就业、后择业、再创业的职业选择策略，从现实出发去选择自己的求职道路。

对于即将踏入职场的大学生来说，充分认识自己，了解自己的能力和局限是十分重要的，但了解自己的局限并不是说要甘于局限，而是给自己合理定位，但不要设限，甚至要努力超越局限，建立自己的信心。事实上，每一个成功者都不只是局限于自己的能力，往往是比自己的能力范围还多做一点，做得比别人期待的还多，职场中要获得成功，就得懂得超越自己原本自以为的局限。大学生视野应该尝试放远一点，告诉自己面对的是更为宽广的人生，看清楚自己的长处与弱点，更有信心去开创新领域与新工作，只有抱着这样的心态才会在职场上取得突破。要在职场中有进展，一定要设定目标，没有目标的话，也很容易满足于现状，很难达到新境界，当然，也不要太苛求自己，也无须给自己太大的压力。职场上机会和选择很多，有机会换跑道的时候就换跑道，不应该放弃机会。职场和商场一样，诚信十分重要，只有真诚对待职务和同事，脚踏实地，以自己的真才实学为工作尽力，一定会取得应有的回报。

2.1.1　职场探索

职场探索就是对行业、专业、企业、职业和职位等职业世界进行实际调研和理论分析的过程。职场探索的主要内容包括行业出路探索、专业出路探索、企业探索、教育与培训信息等。

行业调研和分析是指根据经济学原理，综合应用统计学、计量经济学等分析工具对行业经济的运行状况、产品生产、销售、消费、技术、行业竞争力、市场竞争格局、行业政策等行业要素进行深入的调研和分析，从而发现行业运行的内在经济规律，进而进一步预测未来行业发展的趋势。

专业调研和分析主要是对本专业人才的社会需求及未来需求的变化等进行调研和分析，对本专业所需知识、能力、素质进行调研和分析。在调研和分析的过程中要结合国家产业政策的变化和经济运行的变化规律进行分析，以便掌握本专业的人才需求动态变化，作出正确的判断。

企业调研和分析，通过对企业进行调研和分析，使我们对职场中的企业有清楚的认知，以便作出合理选择。任何企业的经营活动，都是在市场中进行的，而市场又受国家的政治、经济、技术、社会文化的影响。因此，企业从事生产经营活动，必须从环境的研究与分析开始。企业环境是指与企业生产经营有关的所有因素的总和，可以分为外部环境和内部环境两大类。企业外部环境是影响企业生存和发展各种外部因素的总和；企业内部环境又称企业内部条件，是企业内部物质和文化因素的总和。企业与环境之间存在着密切的联系。一方面，环境是企业赖以生存的基础。企业经营的一切要素都要从外部环境中获取，如人力、材料、能源、资金、技术、信息等，没有这些要素，企业就无法进行生产经营活动。同时，企业的产品也必须通过外部市场进行营销，没有市场，企业的产品就无法得到社会承认，企业也就无法生存和发展。同时，环境能给企业带来机遇，也会造成威胁。问题在于企业如何去认识环境、把握机遇、避开威胁。另一方面，企业是一种具有活力的社会组织，它并不是只能被动地为环境所支配，而是在适应环境的同时也对环境产生影响，推动社会进步和经济繁荣。企业与环境之间的基本关系，是在局部与整体的基本架构之下的相互依存和互动的动态平衡关系。因此，企业必须研究环境，主动适应环境，在环境中求得生存和发展。

职位分析是一种确定完成各项工作所需技能、责任和知识的系统过程，是人力资源管理工作的基础，其分析质量对其他人力资源管理模块具有举足轻重的影响。职位分析是指了解组织内的一种职位并以一种格式把与这种职位有关的信息描述出来，从而使其他人能了解这种职位的过程。它是对职位信息进行收集、整理、分析与综合，确定这些职位的职责以及这些职位任职人特征的程序。其成果主要包括两种：一种是职位说明书；另一种为职位分析报告。职位分析是人力资源管理的一个重要的子系统，是建立以职位为基准的薪酬模式的重要基础性工作。换言之，职位分析又称岗位分析、工作分析，主要是指通过系统地收集、确定与组织目标职位有关的信息，对目标职位进行研究分析，最终确定目标职位的名称、督导关系、工作职责与任职要求等的活动过程。通过职位的调研和分析，以了解这个工作岗位的具体任务、要求、状态。

2.1.2 职场探索的途径和方法

1）构建自己预期的职业库

大学生不知道如何进行工作世界的探索，一个很重要的原因就是工作世界的信息浩如烟海，搞不清该从哪儿入手，更谈不上如何进行了。如果有一个探索范围，则会容易很多。通过自我探索可以帮助个人初步形成一个探索的范围。自我探索中的兴趣、性格探索，每一部分最后有相应适合的职业出现。每个人都有自己心目中的理想职业，可以通过头脑风暴的形式把它们也列出来。这样就获得了一个职业清单，看看这些职业有什么共同点，就可能启发你想到更多值得探索的职业。结合你的能力和价值观，从职业清单中进行筛选，最终就得到你预期的职业库。例如，小李期待做商业方面的工作，但是具体选择什么工作因其对社会还不太了解，就难以决定。性格探索的结果是他适合做人力资源管理者、咨询顾问、教师等；兴趣探索的结果是他应该做社工、教师、培训人员等；能力探索的结果是他可以做教育、销售、客户服务等工作；价值观探索的结果是他期待做服务、自由职业、护理等工作。从小李职业探索得出的各种选择中，我们可以看出，教师职业、教育工作出现的频率最高；社工、客户服务、服务、护理等虽然名称不同，但都明显体现了帮助他人的特点。所以最适合小李的职业首先具有与人打交道、帮助他人的特点，其次还有沟通性、商业性等特点，由此，他可以列出或搜索一些符合这些特点的职业，比如培训、咨询顾问、客户服务等，进行详细调查。

在作决策时，太多的信息容易让人迷失，反而拿不定主意；而过少的信息又起不到让当事人了解客观事实的作用。因此，在形成预期职业库的时候，库的大小根据自己的情况要有适当的平衡，通常4~6个职业的调查是比较适中的。在信息探索过程中，抛开自己固有的想法，保持开放的心态，就容易获得客观的信息。

2）探索工作世界的方法

工作信息探索的方法有很多，例如可以采取非正式评估、正式评估、印刷和影视媒体、网络资讯、人物访谈、父母角色示范、生涯影子、暑期打工、专业实习、实际接触等，依据一定的规律可以提高效率。例如可以由近到远地探索，所谓近和远，是指信息与探索者的距离。通常近的信息比较丰富，远的信息更为深入；近的信息较易获得，远的信息则需要更多的投入、与环境的互动才能了解。因此，从近至远的探索是一个范围逐渐缩小、了解逐渐加深的过程。图2.2列举了从近到远获取信息的一些方式。

非正式评估是探索者有意无意得到的对某个信息的最初评估。正式评估是指各种正式的职业测评，如兴趣测评等。通常学校就业指导中心会提供给大家免费的相关测评，社会上的职业测评机构也提供收费的服务，在选择测评时应注意该测评的信效度是否合格。印刷或视听媒体的范围比较广泛，报纸、杂志、电视、书籍都有可能提供职业信息，如《21世纪》、《中国教育报》、《中国大学生就业》、中央二台《劳动·就业》栏目以及一些传记文学等。计算机资讯如今已成为越来越主要的获得大量信息的途径，与职业相关的网站有很多，如中国劳动力市场网、前程无忧、智联招聘、中华英才、搜狐招聘频道、新浪求职频道、中青在线人才频道、各高校职业指导网站等，也有一些网站专门提供某个专业的职业信息或留学信息等更有针对性的资讯。生涯影子是指跟着某个特定的工作角色观察其工作内容。建立合作经验、暑期打工和专业实习都是实践性很强的方式，获得的信息更为真实，但是所耗的时间、精力也比较多，机会也有限。

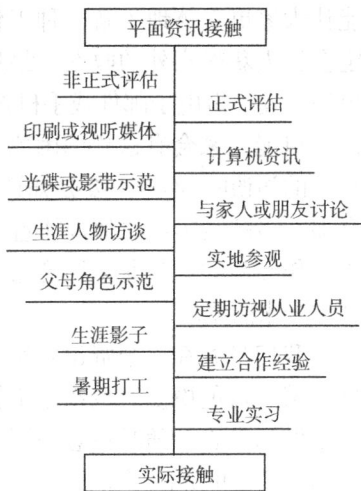

图2.2　从近到远获取信息的方式

生涯人物访谈处于近与远的中间，在效率和信息的真实性上有比较好的平衡。这种方式是指对身居自己感兴趣职位的人进行采访。接受访谈者应是我们称之为"生涯人物"的人，在这个职位上已经工作了三至五年甚至更长时间。为防止访谈中的主观影响，应至少访谈两人以上，如既与成绩卓然者谈，也与默默无闻者谈，这样效果会更好。访谈时，应明确访谈的目的是收集供职业生涯决策的信息，而不是利用生涯人物来找工作，以免引起双方的误会。建议大家在正式进行访谈前，至少做两件事：一是为自己准备一个30秒左右的广告，因为在访谈过程中，对方可能会问到你的职业兴趣和目标；二是对需要提出的问题做一些准备，这样有助于访谈的深入进行，能够取得较高的效率。访谈中，大家可能提出的问题包括：

- 请介绍一下你是如何找到这份工作的？
- 在这个工作岗位上，你的主要职责是什么？
- 这份工作需要什么样的知识、技能和经验？
- 什么样的个人品质或能力对本工作来讲是最重要的？
- 参加什么培训，取得什么证书对这份工作是必要的？
- 工作单位对刚进入该领域的新员工提供哪些培训？
- 该职位的晋升路线是什么？
- 这份工作的初级、中级和高级职位薪水大约是多少？
- 你如何看待这项工作的发展前景？
- 你认为我在大学期间应该做些什么才能进入这个工作领域？
- 请你再对所有大学生提一点建议。

以上这些问题大家可以根据自己的需要再整理，但对"生涯人物"关于工作的主观感受还是应该询问一下。可以问就你的工作而言，你最喜欢什么？最不喜欢什么？这样常常能让大家更立体地了解一种工作。另外，给"生涯人物"留出提供其他信息的机会，说不定会让人获得意外的收获。最后，不要忘记感谢接受访谈的"生涯人物"，最好在访谈结束当天发一份电子邮件或手机短信表示谢意。

可能大家会有这样的困惑：如何找到生涯人物？即使身边有这样的人，他们愿意接受自己的访谈吗？不过，要是知道生涯人物访谈的另一个好处是拓展自己的人际关系网，自己有那么多已经毕业的师哥师姐，还有专业老师，他们不都是很好的访谈资源吗？大多数有多年工作经验的人都非常愿意帮助大家认识各种工作的特点，大胆地开口就好，毕竟这关系到你未来的发展。

我们身处在一个资讯发达的时代，搜寻工作信息的方法也有很多，如行业展览会、信息面试、角色扮演等也都是不错的途径。对于工作世界的探索，光讲方法是不够的，关键还要做到有心，随时留意周围的信息。一次谈话、一份身边的广告，都可能帮助你逐渐建立起对工作世界的了解。

2.1.3 任务实施

1）熟悉我国的就业形势和职场

通过教师授课、学生上网查阅、社会调研了解我国的就业形势和职场状态。

2）掌握探索工作世界的方法

通过教师授课、学生实际操作掌握探索工作世界的方法。

2.1.4 任务考核

（1）写出不少于2 000字的当前职场状态调查报告。
（2）以自己所学专业为例，简述探索工作世界的方法。

2.2 职业探索

2.2.1 职业的含义和演变

职业是社会分工的产物。随着社会生产力的不断发展，人们征服自然、改造自然的能力不断提高，长期的狩猎生活，使人们认识到牛、马、羊、猪、鸡等动物可以驯化和饲养，于是一些人专门从事动物的驯化和饲养，称为牧人，产生了畜牧业；在与植物长期打交道的过程中，人们学会了种植，形成了"依水而居，围田而耕，日出而作，日没而息"的农耕生活而成为农民，产生了农业；随着人类社会的进步，人需要穿衣遮体御寒，为了满足人们穿戴的需要，有的人专门从事纺纱织布、做衣服、做鞋等，成为手艺人即手工业者，如纺工、织工、鞋匠等，产生了手工业；随着生产力的进一步发展，为了满足人们对多种生活品的需要，有的人专门从事商品的买卖，成为商人，产生了商业。而体力劳动和脑力劳动分工的出现，又使有的人专门从事国家管理，有的人专门从事理论研究，有的人专门从事科学技术发明，有的人专门从事文学艺术创作等。人类进入现代工业社会以后，科学技术的广泛运用促使生产力迅速发展，社会分工越来越细，职业也就越来越多。

职业的演化是一个漫长而复杂的过程。在原始社会初期，由于没有社会分工，也就没有职业。在原始社会后期，人类进行了三次社会大分工，从而产生了职业。进入奴隶制社会和封建社会以后，大多数人从事农牧业劳动，少数人从事手工业劳动。人们沿袭着基本相同的生产方式、生活方式、行为方式，以至于可以短期内获得一生所需要的知识和技能。资本主义社会的出现，工业革命使人类进入现代工业社会，生产力由于机械化、电气化、自动化的相继实现而大大提高，使经济结构、产业结构、社会结构等发生了巨大变化，人们劳动的专业化程度越来越高，使得人们的生产方式、生活方式和行为方式产生了前所未有的变化。职业的变化和增多使新旧职业更替的速度加快，人们必须不断学习，掌握专业技能，终生接受教育，才能适应职业的快速变化。

2.2.2 职业的内涵和作用

职业是人们在社会中所从事的有收入的工作。职业通常又称为工作岗位。从社会的角度来看，职业是劳动者获得的社会角色，如售货员、推销员、秘书、技术员、警察、教师、司机、会计、厨师等；从国家的角度来看，每一种职业都是社会分工中的一个部门，就像一台大机器上的一个个零部件；从个人的角度来看，职业则是劳动者"扮演"的社会角色，他因此而为社会承担一定的义务和责任，并获得相应的报酬。职业对劳动者具有以下重要作用。

第一，职业是播种劳动果实的土壤。人类在劳动中产生了社会分工，在此基础上逐渐形成了职业，人们通过职业为社会奉献劳动，社会按照一定的标准付给劳动者报酬，这些报酬成为劳动者及其家庭成员生存和发展的主要经济来源。职业是有报酬的劳动，是人谋生的手段，职业劳动因为岗位的不同、劳动复杂程度的不同、劳动科技含量的不同，所获得的报酬也不同。不同的劳动报酬成为劳动者及其家庭生活的主要经济来源。劳动者一旦失业，其自身以及家庭生活就会失去主要的经济来源。劳动者通过职业，不仅要求得生存，而且还要谋求发展。例如，为工作学习，使自己的业务能力不断提高，在工作中取得更大的成绩，为社会作出更多的贡献。

第二，职业是劳动者创造人生价值的舞台，是实现生活理想的桥梁，职业活动使理想插上翅膀，使人的聪明才智得到充分发展。通过职业，人们获得一定的社会角色，为社会作出贡献，得到社会的承认；在职业这块土壤上，人们挥洒汗水，播下智慧的种子，收获成功的果实。总之，只有在职业的舞台上，才能使劳动者的潜能得到充分的发挥，最大限度地实现自己的人生价值。

职业不仅是人们谋生的手段，而且是为社会作贡献的岗位，是实现人生价值的舞台。

职业对人生的这些作用是相互联系，密不可分的，其中谋生是基础，实现价值是追求，奉献是目的。

2.2.3 职业的特性

1）专业性

职业是人们从事的专门业务，一个人要从事某一种职业，就必须具备专门的知识、能力和特定的职业道德品质。如汽车维修工，要有汽车构造等方面的知识，具备汽车故障诊断与维修的能力和精益求精的工作态度。随着社会的发展，科技的进步，劳动的专业化程度越来越高，职业的专业性越来越强。

2）多样性

随着社会的进步，社会分工越来越细，职业种类越来越多，职业的差别也越来越大，呈现出多样性特点。新世纪里，在知识经济的推动下，我国的产业结构必将发生重大变化，随之会产生许多新行业，增加许多新职业。

3）技术性

每一种职业都有一定的技术含量或技术规范要求。如厨师，在刀工、火候上都有一定的技术要求和操作规范，需要进行专门的学习与训练。在人类进入工业时代以后，科学技术得以广泛应用，职业的科学技术含量越来越高，以至于在从事某一种职业之前，必须经过一定时间，针对某一特定的职业进行专业知识教育，并进行专门的技术技能或操作规程的训练。

4）时代性

职业随着时代的发展而变化，新的职业不断产生，原有的职业也获得新的时代内容，某些职业会消失。如20世纪以来，出现了广播电视播音员、计算机程序设计员、计算机文字处理员、激光照排工等新的职业；而电话接线员、机械打字机操作员、铅字工等已经或者趋于消失；原来已有的农民、教师、会计等传统职业，其劳动的科技含量也越来越高。

从不同的角度分析，职业除了上述特点以外，还有社会性、经济性、稳定性等。职业是参与社会分工，利用专门的知识和技能，为社会创造物质财富和精神财富，获取合法报酬，作为物质生活来源，并满足精神需求的工作。

2.2.4 当代职业的多样性

1）国内外的职业种类

早在我国古代就有过职业分类。根据《周礼·考工记》记载，我国古代职业有六种，即：王公、士大夫、百工、商旅、农夫及妇工。

职业分类就是对不同行业、不同性质的职业按一定标准进行划分归类，以便于统计。

职业分类的方法很多，标准各异，但一般划分的标准是按从事社会劳动的不同内容、手段、劳动方法、环境、劳动消耗量等方面进行的。依据就业者主要付出劳动的性质来分类，可分为脑力劳动职业和体力劳动职业。依据对专门知识和技术所需要的程度来分类，可分为专门职业和非专门职业或一般职业。从职业指导的角度来分类，又可分为现实型职业、研究型职业、艺术型职业、社会型职业、企业型职业、常规型职业六类。随着经济发展和科技进步，职业的种类不断发生着变化。

联合国在1958年正式颁发了《国际标准职业分类》，将职业分为9个大类、83个中类、284个小类，1 506个细类。

目前许多国家都根据该职业分类，编制出符合本国国情的职业分类词典。其中，最典型的是《加拿大职业分类词典》，该词典将加拿大的职业分为23个主类、81个子类、489个细类，共67 000多种职业，它不仅为社会调查、人口普查、就业人口的统计提供了依据，而且也为教育培训部门进行各种高、中、初级人才的现状调查，制订教育培训发展规划提供了重要依据。

2015年7月29日，国家职业分类大典修订工作委员会全体会议在北京召开，会议审议通过并颁布了2015版《中华人民共和国职业分类大典》（简称《大典》），2015新版《大典》职业分类结构为8个大类、75个中类、434个小类、1 481个职业。与1991年版相比，维持8个大类，增加9个中类和21个小类，减少了547个职业，全面系统地反映了我国现阶段的职业分类情况。

职业的种类与一个国家一定时期的社会政治、经济制度以及国家的政策密切相关。例如，在我国改革开放之前的20世纪六七十年代里，个体经济、私营经济等是不允许存在的，现在非公有制经济则成为社会主义市场经济的重要组成部分。此外，不同的国家还存在一些独具民族特色的职业，例如，我国的针灸师、中医师、武术师等。

职业的种类还与一个国家的科技发展、经济繁荣、社会进步密不可分。随着我国经济发展，尤其是加入世界贸易组织以后，职业的种类也将不断增加，这将为我们的择业、就业和创业提供更多的机会和发展空间。

2）社会发展和科技进步推动了职业演变

（1）社会经济结构对职业结构演化起着重要的决定作用

在人类社会发展初期，自然经济占统治地位，经济发展缓慢，产业结构、职业结构发展缓慢。工业革命之后，经济发展成为社会进步的基础，经济发展的结果使产业结构、职业结构变迁速度加快。计算机行业已经是当今社会的一个主要行业，与此相适应的职业结构，如行业种类数量、分布也发生了变化，出现了网络工程、程序设计、网页设计、产品开发、硬件维修和安装、专业销售人员等新的职业。

（2）社会分工的发展和科学技术的进步对职业的演化起着重要的推动作用

社会分工的发展与科学技术的进步，带来新技术、新设备、新工艺、新产品，对它们的研究和应用必然带来新旧职业的更替。例如，计算机的发展、激光照排技术的发明和应用，使铅字排字员失业，出现计算机打印、激光照排的新职业。

职业也在随着社会经济结构、社会分工的发展、科技的进步而发生变化。要努力提高自己的专业技能和综合能力，跟上科技发展的速度，适应自己职业的不断变化。

21世纪是技术创新的世纪，科技的发展速度是空前的，人一生面临的职业变化也会越来越频繁。据联合国教科文组织统计，当今世界发达国家，每个人一生平均有4~5次的职业转换。美国的产业工人一生中岗位流动平均达17次之多，日本人一生中职业转换也有6次以上，我国目前就业人员的职业转换平均也有3~4次。这说明职业既有稳定性、连续性，也有流动性、变化性。

2.2.5 职业的未来发展趋势

在新世纪里，人类社会即将进入知识经济时代，产业结构、行业结构、社会结构以及由此决定的职业结构将发生巨大变化，职业越来越向高科技化、智能化、专业化方向发展。知识以及知识的运用，将是继土地、劳动、资本以后，人类又一财富之源，是社会发展又一动力之源。所以说："知识将改变命运。"

1）智能化

例如未来的远程卫星教育的普及，学生可借助现代科技的翅膀，跨越地域等自然因素的限制，随时随地接受所需的课程教育。这种做法体现了教育方式的智能化。

2）专业化

例如教师授课，要随着时代的发展，提高其教学内容的科技含量，实际上就是提高其专业性。运用先进的教育技术手段，使自己的教学活动跟上时代步伐。使学生在学习过程中对社会有所了解，从中受益。唯有如此，才能适应时代发展的需要。

3）综合化

例如合格的保险业务人员，由于工作性质的要求，不仅需要掌握保险专业知识，还要掌握消费心理学、市场营销学、金融投资等知识，成为综合性、复合型人才。

其中特别值得我们注意的是专业化和综合化。专业化与综合化并不矛盾。专业化使人们必须接受较长时间的教育，才能适应社会发展的要求，成为社会所需要的劳动者；综合化要求人们在接受教育时，应加强多方面知识与能力的教育和培养，也就是要注重综合职业能力的培养和教育，努力成为复合型人才。职业的这种发展趋势，对劳动者的素质提出了更高的要求。劳动者在掌握专业知识的基础上，通过学习掌握其他有关知识，这样，有助于劳动者提高自身综合素质，增强竞争实力，成为符合现代社会需要的复合型人才。

在新世纪里，与第三产业有关的职业将继续得到发展。随着我国社会主义市场经济体系的建立和完善，我国的经济结构进行了战略性调整。这是对国民经济的整体性全面调整，包括对产业结构的调整。产业结构中第三产业将得到长足的发展，第三产业的增长速度将快于国民经济的增长速度。因为，发达国家的第三产业的产值，占国民生产总值的比例高达60%以上，中等发达国家也达到了40%~50%，而我国1998年只有32.8%，与发达国家的差距很大，与我国社会主义现代化建设发展速度也不相适应。加快第三产业的发展是我国的重要经济政策，在这一政策的引导下，卫生、教育、商业、饮食服务业、旅游业、保险业、物业管理业、通信业、社区服务业等有关的职业将得到较快发展。

职业的未来发展，将给人们提供就业、创业的广阔舞台，创造良好的发展机遇，展示人生与社会的美好前景。

2.2.6　职业探索

1）职业探索的内涵

职业探索，狭义的概念仅仅是对具体的一个职业进行探索；广义的含义是指对专业、职业、行业、企业、职位等职业世界进行的探索。这里所讲的职业探索，就是对你喜欢或要从事的职业进行理论分析和实际调研的过程。职业探索的目的是对目标职业有充分的了解，并在明确和职业的差距中制订求职策略，从而有效地规划大学生活。

职业是每个人决定就业后必须要面临的选择，企业是我们的舞台、专业是我们的基础，职业则是我们的阵地，我们的能力更多地体现在弥补和职业的不足上。职业影响人生、职业决定人生，你的知识、学历、能力都是经过职业转化和实现的。

2）职业探索的必然性

社会职业的广泛性，据最新统计，中国目前有1 800多种职业，这么多职业到底做什么职业、自己适合什么职业，不能仅仅依据自己学什么专业就做什么工作，应该进行探索，以便适合自身的职业。

人生的有限性，人的时间、经历是有限的，不可能做过几百种职业再确定喜欢什么职业，而且中国人职业生涯的开始大多是仓促的，即当你没有准备工作时就不得不工作了；而在大学几年里的时间是相对自由的，而且大学也是步入工作世界的最后一个集中学习阶段，花上几年时间了解职业、探索职业，为日后择业、就业而准备也是值得的。

探索职业的可能性，职业是可以通过探索而确定是否适合自己，尤其是很多职业都是可以通过理论分析就可以得出结论的，不必每个职业都要亲身实践，这也是间接经验的好处，职业探索更多地通过理论探索来了解职业世界，但仍有必要的实际调研以保证理论分析的准确性。

规划学业的有效性，大学怎么过？很多人是因为没有目标导致迷茫，而当对职业进行探索后就有可能发现所喜欢的职业，而自己与职业一定是有差距的，当你把补充差距作为大学努力的目标时，你就有了努力的内在动力，也就有效地规划了大学。

3）职业探索的内容和方法

（1）职业探索的内容

你可以自己去做，也可以去邀请几个好朋友一起来做，只要确定一个你想探索的职业就可以了，至于这个职业是什么，和你的专业到底有多大关系，在对你职业世界所知不多的情况下是可以忽略的。因为，你来督促自己作职业探索，就是为了掌握探索职业的方法，因此第一次作职业探索时，千万不要在探索什么职业上浪费太多精力，重在如何探索职业10项，如何从10个方面全方位解读这个职业，当你完整地作过一个职业探索时，你就能对所有的未知职业进行探索，那时你就成为自己的职业顾问了，所以，初期还是要按部就班地把任务和方法掌握了。

要探索的职业10项是：

①职业描述。职业描述，就是定义这个职业的内涵。具体包括职业名称，各方对其的定义。在罗列学习别人对这个职业的看法后，你也要给这个职业下一个自己的定义，为自己的职业报告作好第一笔准备。职业描述是对职业最精练的概括和总结，是透彻理解职业和调研职业的基础，其实给职业定义的每个字你都需要仔细思考，因为日后你要做的事情全是对定义的拓展而已。如果不是最新的职业，一般来说都有对职业的固定定义，可以参照联合国国际劳工组织、美国劳工统计局发布的《职业展望手册》，中国的国家劳动和社会保障部，很多职业分类大典都有对职业的详细介绍。

②职业的核心工作内容。每个职业都有核心的工作职责，职责背后对应的就是工作内容，说白了，就是这个职业一般都干什么活，什么工作是这个职业必须要做的。了解职业的核心工作内容，有利于了解完成工作内容背后的必须要胜任的工作能力，这样就很容易找到和自己之间的差距，因此，你补充的能力是有目的地要完成工作内容的。在多大程度上了解工作内容，是衡量一个人对工作的熟悉和喜欢的重要标准。成熟的职业都有权威人事部门给其总结确定的核心工作内容，一些企业的招聘广告中也有对工作内容的描述，也可以请教一些行业协会，或是做这个职业的资深人士，一般企业的人事部门和直接部门经理也有对职业的具体感悟。

③职业的发展前景及其对社会和生活的影响、作用。职业的发展前景是国家、社会等对这个职业的需求程度，具体包括3个问题：职业在国家阶段发展中的作用，职业对社会和大众的影响，职业对生活领域的影响。也就是说，不仅要知道这个职业对国家、对社会、对行业有用，也要知道这个职业对大众、对生活的影响，人们对其的依存度和声望度怎样。职业的发展前景，尤其是国家的导向是促进职业发展的黄金动力，知道你日后发展轨迹就好判断自己是否能切入及切入点如何选择了，尤其要注意对大众、对生活的影响，因为大众的才是永恒的。职业在国家发展中的作用一般都有劳动部门的权威预测，但对社会和生活的影响这块是真正要自己去调研的，要去访问这个职业的资深人士。

④薪资待遇及潜在收入空间。职业是社会分工的产物，职业根据参与社会分工的量来确定相应的报酬，在不同的行业、企业、岗位上还有一些潜在的收入空间。能赚多少钱是大家都关心的话题，很多人也会把赚钱多少作为择业的关键因素，所以在考量职业时要重点调研职业的薪资状况。其实每个职业都有极致，都有天价，起薪都差不多，但能力不断提升的背后就蕴藏着高薪。一个职业是有薪资调查的，如前程无忧的调查，还有诸如网友们的晒工资，天涯职场论坛上关于这样的声音还是很多的。

⑤岗位设置及不同行业、企业间的差别。岗位设置是指一个职业是有一系列岗位划分的，如人事工作的岗位就分招聘、考核等很多具体岗位，而不同行业、不同性质、规模的企业对岗位的划分和理解也是有很大的不同，很可能同样都叫一个名字，但干的活却完全不一样。了解职业的岗位设置，能加深对职业外延的理解，知道职业的具体岗位后，就可

以针对性地与自己比较，也就知道职业有什么重要标志。不同行业对职业（岗位）的理解和要求也是有差异的，而具体的企业就是千差万别了。一般来说，人事权威网站、职业分类大典、业内资深人士是比较了解这个职业的具体岗位设置情况的。

⑥入门岗位及其职业发展通路。入门岗位是指针对应届毕业生的工作，职业的一些中低端岗位是面向大学生开放的。还要了解一个岗位对应的日后职业发展通路是什么，这个岗位有哪些发展途径，最高端岗位是什么这些你都要知道。即使你很看好这个职业，但你最终也是要做工作的，而入门岗位就是提供给大学生的敲门砖，因此，你一定要知道能通过哪些岗位进入这个职业。从企业的每年校园招聘会里就能看到哪些岗位是针对应届生的，如一些校园招聘网站就可以找到这些信息。

⑦职业标杆人物。职业标杆人物是指在这个领域谁做得最好，他是怎么做到的，他都取得了什么成绩，遇到了什么困难，具备什么素质等，每个职业都有一流的人物，无论是国内的还是国外的。研究职业标杆人物，可以让自己了解他的奋斗轨迹，让自己在追星过程中加深对职业的了解，也会让你找到在这个职业领域奋斗的途径。当你在网上搜索这个职业时，一般都会找到职业标杆人物，图书馆也会有这方面的书，业内的资深人士都会知道的。

⑧职业的典型一天。更多是在访谈中完成的，你要知道这个工作的一天都是怎么过来的，从早上到回家的时间都是怎么安排的。了解职业的典型一天是判断自己是否适合这个职业的重要指标，如果你不想过这个职业那样的一天，就不用再为之而努力去学习、去准备、去做这个职业了，所以这个过程是很关键的。尤其是这个工作对你个人生活的影响，看你能否接受。职业的典型一天，在职业的核心工作内容中会有涉及，但具体到个人的资料就不多了，所以更多的还是要你去访谈做这个职业的人，这样也才更真实。

⑨职业通用素质要求及入门具体能力。职业通用素质要求是指从事这个职业的一般、基本的要求。主要是个人通用素质能力，就是能把这个工作做好的要具备的能力。通过职业的外在素质要求的了解，对比自己是否能够胜任，还有哪些要加强和补充的能力，从而可以将之规划到大学生活里。其实每个岗位的岗位描述中的任职资格都有介绍，只是这次要把其整理出来，尤其要加上职业访谈中的内容，列出10项最常用的能力，然后与自己一一对照，可以促进发现和认识自我。

⑩工作与思维方式及对个人的内在要求。工作方式和思维方式是你做好做精工作的保证，有些工作对人的内在要求是很高的，如态度等，这些是从你的内在来判断是否适合和喜欢一个职业的核心标准。从内在出发来判断是否喜欢是科学的，因为职业是客观的，只是因为你选择了职业才会有是否愿意做、适合做等问题的产生，所以当对职业的方方面面考量之后，最后一关就是对职业所要求的内在盘点。岗位描述中的任职资格也会有对其内在素质的要求，还有业内普遍认为的个人素质，还要考虑不同行业、不同类型企业间的差异。

要完成职业十项的理论调研，形成自己的职业报告。通过职业人物访谈，完善验证报告，在访谈的职场人士中确定自己的一个职场贵人，在本班、本院、本校内作职业报告，在学校报告或交流确立职业圈子，带一个学弟，指导他作职业探索，把职业报告结果提交给本校就业部门，作为参考数据，把职业报告结果提交给杂志，作为文章投稿，在论坛上等共享。

（2）职业探索的方法

大学生进行职业探索通常采用查阅、讨论、参观、实习和访谈的方法。其中对宏观环境的探索主要采用查阅和讨论的方法；对行业环境、组织环境、岗位环境的探索，除了通过查询资料和讨论外，还可通过实地参观、实习以及对相关从业人士进行访谈等方法。

①查阅法（检索法）。查阅法主要是通过浏览和查看Internet网络、报刊、书籍等途径探索目前的职业环境。

在宏观职业环境探索中的应用：宏观环境探索的内容主要是探索政治法律政策、经济发展水平、各地区的文化特点、技术更新速度、人才整体需求状况等环境对自己职业发展的宏观影响。在探索宏观职业环境时，要多浏览政府网站信息，尤其是各省市的毕业生就业信息网，这些网站往往包含职业环境分析所需的信息。例如，人才市场公共信息网每个季度都会公布全国部分人才市场供求情况及分析，通过阅读这些资料可以了解不同职业的需求状况。大学生可以尝试分析下面的资料，从中总结出一些最近几年大学生就业市场的总体状况和特征。

在其他职业环境探索中的应用：运用查阅法在探索行业环境、组织环境、岗位环境时，一般按照下面的程序进行：

• 将个人希望了解的职业方向（或职业群），通过网络、书籍、期刊及有关声像资料，进行初步查阅。

• 选定各种典型的职业，进一步对其入门所需的基本条件（如学历、资格证书、身体条件等）进行查阅。

• 通过查阅，自己对做好职业工作所需要的知识、技能、生理条件及个性特征有一个初步的认识，对该职业的生存环境及发展前途以及个人循此发展可能取得的职业成就等形成初步印象。查阅法的优点是方便、快捷、信息量大、成本低，而查阅法的不足是：得到的信息是间接的、隔离的，可能与现实感受有差距。

②讨论法。讨论意味着与别人共享对职业的探索结果。当大学生对职业的特点不能很好地把握时，可以和周围人群一起讨论，比如和同学、朋友，甚至老师、父母进行讨论。个人的探索总有局限性，与别人一起讨论感兴趣的职业问题，共享职业探索成果，会互相打消一些不现实想法或前景黯淡的东西，而共同发现一些更好的东西、更多的前进道路。讨论法的要点是：不要把个人已经拿定主意、不会改变的事情进行讨论，也不要把自鸣得意的结果拿出来炫耀，把正在探索或是已有结果但仍需进一步证实或充实提高的东西拿出来讨论。

③参观和实习法（体验法）。参观和实习法是探索行业环境、组织环境及岗位环境常用的方法。参观是到相关职业现场短时间地观察、了解。通过观察，可以了解职业相应工作的性质、内容，职业环境及氛围，获得实实在在的职业感受。参观法的优点是能得到切身的感受，缺点是无法对职业的实质深入了解，易被营造的氛围迷惑。实习是到职业场所进行一定时间的打工、兼职或教学实习、实践。实习是一种比较全面地了解职业的方法。实习可以更深入、更真实地对职业的工作任务、工作要求、工作环境及个人

的适应情况进行了解、判断，可以了解工作的程序、报酬、奖罚、管理及升迁发展的信息，还可通过与工作人员的实际接触，感受职业对人的影响。参加社会实践的意义在于它能使学生在认识自我和改造自我两个方面获益。

人们只有在各种不同的环境下，才能真正全面、清晰地了解自我，了解职业。有一个硕士研究生在职业选择时，陷入了不会选择的痛苦之中。当时，她需要在中学老师和出版社编辑之间作出选择。她说："我不会选择，因为我对这些职业、对自己不太了解。如果我参加过更多的实习活动，对各种职业都有所了解，再作选择就会好很多。可是，我们现在的实习只是流于形式，大家随便找一个挂名的单位，糊弄一下而已。"社会实践是一种很好地真正了解自己的方式。

大学生应该通过不同的工作环境、不同的工作经历发现清晰的自我形象，同时注意自己的感受和反应；尽可能多地寻找和获得不同的生活经历，并把这些生活事件和经历结合起来，找到价值观、兴趣和技能之间的联系，用更复杂的方式思考自我。改善与生涯决策有关的自我知识也是一个终生的过程，永远不会结束，生活经历不会被浪费。社会实践的另一个作用是帮助大学生不断改造自我，更快地实现社会化。大学是进入社会的过渡期，是进入社会的预演；学校与社会的不同在于，衡量人才的参照系不一样。通过社会实践，大学生可以更深刻地认识社会、了解社会，发现认识上的偏差。学校教育以知识积累为主要目的，而职业领域更看重能力和素质。职业化的过程就是社会化的过程，克服自我中心、为职业作准备是大学生这个年龄段的重要人生课题。

无论是自我、兴趣的探索，还是职业素养、职业能力的培养，都需要与社会多接触。大学生对于社会参与，是渴望和迷茫并存，因此，大学生要把自我放在社会的大背景下去认识，只有在与外界接触的过程中得到的自我形象才是清晰、真实的；只有把自我放在社会的大背景下去锻炼，才能造就社会需要的人才。实习作为从学生生活到社会生活的一种过渡，是一次介于学习与工作之间的特殊经历，一次没有工作压力的上班体验，一个不曾经历过的生活环境；实习可以让大学生深入了解不同职业的特点，了解自己和目标职业的差距，寻找到适合自己的职业。所以，大学生要尽可能地通过实践参与探索职业环境。

④访谈法。访谈法是通过和相关的从业人员特别是成功的人或失败的人交流，了解职业的知识、技能需求、待遇和发展前景的方法。访谈法的优点：结果比较客观，对职业了解得较多，可以从不同的角度认识职业。缺点：由于访谈对象的不同，结果可能差异很大。有的人对工作比较积极，赞誉较多；有的人对工作比较消极，可能评价较低。大学生在对职业环境进行分析时，不要仅仅采用一种方法，应该采用多种方法，多角度、全面地了解自己。

2.2.7　任务实施

1）熟悉职业的作用和特征

通过教师授课、学生社会调查和人物访谈等熟悉职业的作用和特征。

2）掌握探索职业的内容和方法

通过教师授课、学生实际操作，掌握探索职业的内容和方法。

2.2.8　任务考核

（1）写出不少于1 500字的职业作用和特征分析报告。

（2）以自己所学专业为例，论述探索职业的内容和方法。

项目 ③
职业生涯规划

【任务描述】

学会对决定一个人职业生涯的主客观因素进行分析、总结和测定，尝试确定的事业奋斗目标，并选择实现这一事业目标的职业，编制相应的工作、教育和培训的行动计划，对每一步骤的时间、顺序和方向作出合理的安排。

【任务分析】

运用教材提供的职业定位方法克服决策障碍，熟悉自己的决策风格，学习怎样进行职业定位并撰写职业生涯规划书。

【环境准备】

1.每个学生配备教材一本。
2.配备多媒体教室一间。

职业生涯发展对一个人来说不是固定不变的，它是一个持续不断的探索过程，在这一过程中，需要根据自己的天赋、能力、动机、需要、价值观和态度等因素慢慢地形成较为明细与职业有关的自我概念。在前面完成了兴趣、能力、价值观的探索后，随着对自己的逐渐了解，就会越来越明显地形成一个占主要地位的才干和贡献区域，即选定职业锚和职业发展路径，完成自己的职业生涯定位和职业选择。

3.1 职业生涯定位

职业生涯定位是个人对自己就业方向和工作岗位类别的比较、挑选和确定，是一种人生的决策。职业生涯定位是人们职业生活的正式开始，是人生道路的关键环节，也是人成为社会活动的主题、实现人生价值的开始。

3.1.1 克服决策障碍

现在，请花些时间回忆一下你最近所做的决定，即使是一些很小的决定，比如什么时候起床，是否运动，看什么电视节目，吃什么，如何打发有限的空闲时间等。

请在下面写上你在这周所做的至少5个决定。

①_____

②_____

③_____

④_____

⑤_____

心态决定你的行为表现和作出明智抉择的能力。心态是引导我们作出决定的一种发自本能的感觉或想法，如果你能清楚了解自己的心态和习惯，就能提高每日的效率。如果你相信你能做到，那么你就能做到！相反，消极心态必将对结果产生不良影响。许多人在知之甚少或者缺乏责任感的情况下就草率地作出决定，没有考虑后果就不假思索地行动，这样看起来似乎简化或者加速了决策制订过程，但是结果通常不太理想。写下上述决定后，想想你制订以上所列的决策时经历的过程。

3.1.2　决策风格

下面方框中描述了人们制订决策的一些方式，阅读这个方框，然后阅读后面的"真实故事"中"走进阿特"部分，确定阿特的决策风格是什么。

决策风格

直觉型："跟着感觉走"。决策者通常依据内心的调和与否，作出无意识或者潜意识的选择。

冲动型："没有必要再三考虑"。决策者几乎不仔细思考或检验，直接采取第一种可行的处理方案。

服从型："你说了算"。决策者通常是非自我肯定型，让别人代自己作决定，跟随别人的计划。

拖延型："过些时候再说吧"。决策者通常拖延逃避，希望出现某些人或事可以使他免于作决定，从而迟迟不去思考或者行动。

苦恼型："如果……怎么办"？决策者总是担心某种决定是否是错误的，在多样的信息中越来越迷惑，不断地分析各种备选而不堪重负。

消极型："不想去面对"。比苦恼型更进一步，决策者是彻底的优柔寡断以及担心害怕，他们接受自己的责任，但却无能力解决困境。

保守型："安全第一"。决策者通常会选择最低风险的决策方案。

宿命型："凡是都是注定的"。决策者相信该来的总是会来，任外界自行决定发展，把一切归结于命运。

规划型："要权衡事实"。决策者会将价值观、目标、必要的信息、备选方案和可能的后果均计入考虑，采用推理研究法，并且尽力在理智与情感之间达到平衡。

通常情况下，采用的是多种风格的组合，使得决策过程进一步复杂化。

你怎么想？

1.你通常使用这些决策方式中的哪一种？最不常使用哪种？

2.你想要使用哪一种方式？想要避免哪一种方式？为什么？

3.考虑最近还未制订完毕的一项决定，分别使用这几种方法仔细考虑，哪一种方式被证明是对你最有帮助的？

3.1.3　真实故事

走进阿特

　　阿特在加利福尼亚州出生并长大，当他还是个孩子时，他和他的家人就喜欢去山里徒步旅行、冲浪以及潜泳运动。高中毕业后，阿特进入州立大学学习并且拿到了平面设计学士学位。毕业后，阿特经历了几个月的求职生涯，却都徒劳无获。此时，他的一个来自俄亥俄州的朋友弗兰克告诉他：他和他的父亲正在开办一家公司，这家公司是专门为教材设计外包装的，他们正需要能够帮助营销与发展新的设计理念的人才，他们认为这份工作对于阿特来说正好合适。阿特对此非常兴奋，后来他得知弗兰克缺少启动资金，希望阿特投入一大笔钱。他们说在俄亥俄州生活的花销要比在加利福尼亚州少很多，因此只要阿特一搬过去马上就可以找到负担得起的住房及保险。弗兰克还承诺阿特的投资在最初的两年内一定会赚回来。阿特有一个从祖母那里继承的信托账户，他本想用里面的钱返回学校学习以取得硕士学位。在没有告诉任何人的情况下，阿特把里面的钱取出来投入他们的公司。第一年的工作生涯确实进行得相当顺利，阿特开始习惯了在俄亥俄州的新生活，他在那里遇到了琼，很快结婚了。琼当时正在护理学院进行最后一年的学习，同时在一个私人疗养院做兼职，毕业后将拥有极其美好的就业前景。

　　然而半年后，阿特的朋友宣告破产。阿特非常沮丧并且很快陷入窘境，他不知道接下来该做些什么。就阿特的专业领域而言，俄亥俄州就业市场并不乐观，所以阿特和琼商量决定，阿特先回加利福尼亚，琼在完成学业后再去与他会合。

　　长时间只靠通电话和发邮件维系感情，使琼和阿特发现他们的婚姻陷入了困境。阿特虽然找到了一份工作，却并不如意，薪水仅仅能够支撑他一个人的生活。琼毕业后在俄亥俄州找到了一份很好的工作，她希望阿特能再回俄亥俄州，但是阿特知道他在那里不能很好地谋生，也不希望自己靠琼生活。他试着说服琼搬到加利福尼亚，但是琼认为她在俄亥俄州生活很舒适，拒绝搬迁。3个月后，琼告诉阿特他们的婚姻已经走到了尽头，然后她申请了离婚。

　　你有何想法？

　　1.你如何评价阿特的决策制订技能？他使用了哪种策略？如果你是阿特，会作出什么不同的决定？

　　2.阿特请求琼搬到加利福尼亚，你如何评价琼对此的回应？

　　3.琼和阿特选择了在不同的地区从事自己的事业，在这一抉择过程中他们作出了什么样的假定？在作出决定之前，是否有某些问题是他们本来能够商量解决的？

　　4.如果你是阿特，在接受俄亥俄州的工作之前，会作一些什么样的调查？

　　5.为了挽救他们的婚姻，琼和阿特本来可以采取什么样的策略或者利用哪些资源？

　　6.你会把你的积蓄用于存在风险的新创企业吗？为什么？

3.1.4 定位的原则

1）择己所爱

职业定位首先要知道自己喜欢哪种职业，或者对哪种职业比较感兴趣。一般来讲，只有从事自己喜爱的、感兴趣的工作，工作本身才能给你一种满足感，你的职业生涯才会变得趣味无穷。因此择己所爱是作好未来职业定位的首要原则。

2）择己所长

在职业定位时，应扬长避短，认清楚自己的优势与劣势。然后，在此基础上按照"择己所长"的原则进行具体的职业定位。

3）择市所需

在进行职业定位时，不仅要了解当前的社会职业需要状况，还要善于预测职业随社会需要而变化的未来走向，以使自己的职业定位具有一定的远见。一味地盯着当前热门的职业，可能不利于长远的发展。例如，财务人员曾经是一个很热门的职业，可是现在人才市场上，一个财务岗位，往往会有几十个人应聘，竞争异常激烈。可以预见，即使目前特别热门的职业也有可能随着社会需求的变化而成为明日黄花。

3.1.5 定位的内容

1）定位方向

找准职业定位和发展方向。职业定位和发展方向要和自己的兴趣能力价值观相匹配。找到自己的职业潜力集中在哪个领域，只有找准方向才能最大限度地开发和挖掘自己的潜力。

2）定位行业

看清目标行业的发展趋势。主动全方位地了解目标行业现状和前景，最好选择朝阳行业，毕竟朝阳行业才更有前途，也能给新人更多的机会。在了解行业时，不能仅仅靠报纸或者杂志介绍，比较理想的做法是向目前已在该行业供职的朋友打听，以便获得可靠消息，打听的内容应涉及升迁制度、薪资情况等各个方面，多多益善。

3）剖析自我

认清自己的优势与不足。假如不能准确地为自己定位，不清楚自己的强项和弱项，只是盲目跟风或跟着感觉走是绝对不行的；要总结一下自己的优势；明确这些优势是否足以帮助自己在新的行业站稳脚跟；自己的弱点在哪里，有什么方法可以尽快提升。

【小练习】

根据前面所作的探索，完成下面的小练习。

我的性格是＿＿＿＿＿＿＿＿，因此根据我的性格，我比较适合从事的职业有＿＿＿＿＿＿。

我的兴趣是＿＿＿＿＿＿＿，因此根据我的兴趣，最好从事＿＿＿＿＿＿类的职业。

我能力偏向于＿＿＿＿＿＿，因此和我的能力比较匹配的职业是＿＿＿＿＿＿＿＿＿＿。

我的价值观是＿＿＿＿＿＿，因此最符合我的价值观的职业是＿＿＿＿＿＿＿＿＿＿。

综合上面的分析，我认为最适合我的职业有＿＿＿＿＿＿＿＿＿＿＿＿＿＿＿。

完成小练习后，向同学阐述自己选择的理由，看能否说服他们。

3.1.6　阶段性定位

职业定位不是一个静态结果，而是一个动态的过程，往往需要我们结合自己职业生涯的每个阶段对自己的职业定位不断作出修正和调整。

1）职业定位应从大学开始

职业定位应尽早开始，应该从大学甚至中学就开始。这个阶段的职业定位主要是结合初步的职业规划寻找自己感兴趣的职业方向，选择自己感兴趣的专业，多方面地涉猎，积极参加社会活动，锻炼和培养健全的人格。

2）职业发展初期勇于尝试

职业发展初期是职业定位的初级阶段，然而多数人容易陷入迷失状态，患得患失，无法对自己进行合理的职业定位。这个阶段的职业定位关键在于勇于尝试，应该脚踏实地，认真去磨炼，在实践中一点一滴积累，从而对自己的职业定位有一个初步概念。在这期间，培养主动学习、奉献的意识非常重要。努力与不同的人积极合作，互相帮助，每天把自己的心得以小贴士的形式记录下来，作为经验的积累和自我激励的手段。

3）职业发展中期镀金意识

职业发展中期应当对自己的职业定位有了比较深入的认识。这个阶段的职业定位不应该再有频繁的变动，而应该在稳定发展的基础上，好好学习、充实自己，给自己镀金。市场的开放可能会在各方面左右人的思维，在职场上的资深人士普遍认为，了解一份工作通常需要1~2年的时间，达到熟练运作的程度需要3~5年的时间，一般来讲，企业更看重相对稳定发展的职业人士。所谓"镀金意识"，是品牌、正规、职位、规模等的代名词。

4）职业发展后期积极充电

职业发展的中后期属于职业准确定位的阶段。处于这个阶段的职场人士，其中不乏精力旺盛、积极进取、保持职业风范、具备人格魅力的高层管理者，但也有些人较为困惑和尴尬。这个阶段的职业定位建议：要有危机意识，主动寻找自己与时代的差距，及时充电跟进，还要广开视听，多为年轻人铺路，同时，客观平和地面对现实，了解和正视自己的局限，准确地定位自己的下一步人生。

职业定位的误区主要体现在以下4个方面。

误区1：定位会使自己变得僵化。其实定位不是静态的结果，而是动态的过程，当自我发生重大的变化，当外部环境发生重大变化时，都需要重新定位。

误区2：很多想要的会得不到。我们想要的很多，要做技术还要做管理，要有挑战还要休闲，人们担心定位会让自己受到限制。其实定位并不是确定一个固定的位置，而是确定和目标的距离。你可以确定多种目标，只是你要知道自己距离各种目标的远近程度，要知道达到目标需要怎样努力。

误区3：定位让自己失去机会。这个误区尤其体现在毕业生身上，如学生经常到处投放简历，甚至发给谁了都不知道，学生会取得很多的证书，认为这样得到的机会更多；其实，这样的漫天撒网更可能耗费你的有限时间和精力，而没有获得实质性的机会。

误区4：应该让旁观者给自己定位。其实真正知道自己想要什么、喜欢什么、习惯做什么的是自己，领导、同事、朋友、家长都只能提供参考意见，并不能真实地了解你的内心，所以在定位这个问题上，首先要自己了解自己，当然也可以借助别人的帮助。

3.1.7 职业锚与职业定位

所谓职业锚，是在个人工作过程中，依循着个人的需要、动机和价值观，经过不断搜索所确定的长期职业贡献区或职业定位。职业锚实际上就是人们选择和发展自己的职业时所围绕的中心。

职业锚的来历

职业锚的概念，最初产生于美国著名的职业指导专家施恩。他教授职业生涯纵向研究。美国麻省理工学院斯隆管理学院的1961—1964年的44名毕业生，自愿形成了一个专门小组，配合和接受施恩教授所开展的关于个人职业发展和组织职业管理的研究与调查。施恩在他们毕业半年和1年后分别与他们进行了面谈，在他们毕业5年后进行了问卷调查，并在1973年请他们返回麻省理工学院，就他们演变中的职业和生活接受面谈和调查。施恩在对他们的跟踪调查和对许多公司、个人及团队的调查中，逐渐形成了自己关于职业定位的看法，并提出了职业锚概念。施恩认为，"设计这个概念是为了解释，当我们在更多生活经验的基础上发展了更深入的自我洞察时，我们的生命中成长的更加稳定的部分"，以便帮助我们更好地进行职业定位。

了解职业锚的内涵，可从以下几个方面加以明确。

职业锚是自身的才干、动机和价值观的模式，是自我意向的一个习得部分。职业锚就是当一个人不得不作出选择的时候，他无论如何都不会放弃职业中的那种至关重要的东西或价值观。一个人对自己的天资和能力、动机和需要以及态度和价值观有了清楚的了解之后，就会意识到自己的职业锚到底是什么，一个人过去的所有工作经历、兴趣、资质、性向等就会集合成一个富有意义的职业锚。这个职业锚会告诉他，大地什么东西是最重要的。可以说，职业锚是早期个人和工作情境之间相互作用的产物，是经过若干年的实际工作后才被发现并逐渐成的清晰全面的职业自器官，以及达到自我满足和补偿的一种长期稳定的职业定位。

职业锚核心内容的职业自我观由以下几个部分组成。

①自身的才干和能力，以各种作业环境中的实际成功为基础。

②自身的动机和需要，以实际情境中的自我测试和自我诊断的机会以及他人的反馈为基础。

③自身的态度和价值观，以自我与雇用组织和工作环境的准则及价值观之间的实际遭遇为基础。

职业锚产生于早期职业生涯阶段，以员工习得的工作经验为基础。

个人在面临各种各样的实际工作生活情境之前，不可能真正地了解自己的能力、动机和价值观，他们之间将如何相互作用，以及在多大程度上适应自己稳定的长期贡献区。因此，新员工的工作经验产生、演变和发展了职业锚。在某种程度上，职业锚是由员工实际工作经验决定的，而不只是决定于个人潜在的才干和动机。

职业锚强调个人能力、动机、需要、价值观和态度等相互作用和逐步整合的结果，而不是只重视其中的某一方面。在实际工作中，新员工重新审视自我，逐步明确个人需要与价值观，明确自己的擅长所在以及今后发展的重点，并且针对符合个人需要与价值观的工作，自觉地改善、增强和发展自身的才干，经过种种整合，新员工会找到自己长期稳定的职业贡献区和成长区，明确职业定位，达到自我满足和补偿。

职业锚是自我意向的习得部分。每个人有各自的动机、追求、需要和价值观，因此所寻求的职业锚会有所不同。施恩引入职业定位这一概念，就是为了认清各种不同工作倾向。人们自我感知的才能、动机和价值观等构成了人们对自身的职业定位，职业定位又是人们自己的职业观念的核心。此外职业定位也可为选择职业提供一种基础，因为人们在选择工作或组织时所作的决定，往往与自己的看法相一致。但是，人们又只是通过若干年的工作经验及实际考验，才能完全清楚、懂得自己的职业定位到底应在哪里。施恩根据自己对斯隆管理学院毕业生长期研究的结果，发现职业定位分为以下8种类型。

（1）技术型或只能型定位

这种职业定位主要关注的是工作的实际内容。持此种定位观点的员工一般都希望能一直在自己擅长的技术或职能领域（如财务管理、人力资源管理、市场营销）工作。

（2）管理才能型定位

这种职业定位的主要目标是从事直线管理工作，而不是在组织中的某一职能部门工作。持此种职业定位观点的人关注的主要是如何把其他人的努力整合起来，衡量的是总体效果，以及把组织的各种职能进行整合。

（3）自主权型定位

这种职业定位主要考虑的是自身如何才能不受组织各种规章制度的限制，使自己在所选择的职业中能够自行决定工作时间、工作内容和工作强度。持这种定位的人宁可得不到提拔，也要保持这种自主权。

（4）安全——稳定型定位

这种定位的基本出发点是长期保持稳定的职业。只要能使某人一直待在某一个单位、行业和地理区域中，就能满足其对安全的需要。持这种定位的人一般喜欢稳定的、可预测的工作。

（5）服务和奉献定位

这种职业定位主要关注的是追求某些有意义的结果，例如，从事"帮助性"的职业来改善他人的生活水平。

（6）纯粹竞争型定位

这种职业定位主要关注的是解决那些看起来无法解决的难题或不可逾越的困难和障碍，持这种定位的人在其工作中追求的是新鲜感、多变化和挑战性。

（7）生活方式平衡型定位

这种定位的主旨在于实现自身生活各主要方面的平衡，持这种定位的人希望的是家庭生活和工作之间的协调一致。

（8）企业家型定位

这种定位的主要目标是追求创新，包括克服某些障碍、敢于冒险和突出个人的成就，持这种定位的人追求的是拥有按照自己的方式创办组织的那种自由。

对大多数人来说，职业定位和工作都重要，但它只是生活中的一个重要方面。你想拥有什么样的家庭生活？你用什么方式表达精神需求？什么样的社区活动或闲暇活动才能满足你的基本价值需求？在你的全部生活中，事业上的成功有多重要？简言之，你最希望过的是一种什么样的生活？

一系列的询问表明，对业余生活的全面分析是很重要的。首先，很可能有些基本价值观是很难或不太可能在工作中得到满足的。其次，有些职业或工作耗费人们大量的时间和感情，以致留给私人生活的时间所剩无几。为抉择一个恰当的职业，就要对业余生活的重要性和多样性、兴趣及价值观作出一番审视。人们在作出职业决策时，就必须敏锐地应对各种变化，使决策尽可能与自己生活中的各方面相适应。

3.2　职业规划常用方法

职业生涯决策在大学生职业选择和人生发展中起着至关重要的作用，在职业生涯规划过程中，大学生要有意识地提高职业决策的自我效能感，即在职业决策过程中有信心利用所拥有的能力或技能去完成职业决策，进行合理的自我评估，作出科学的职业决策。

3.2.1　"5W"法

"5W"法即用5个"What"进行归零思考。这是一种被许多人广泛应用的决策方法，依托的是归零思考的模式：从问自己是谁开始，如果能够成功回答五个问题，你就有了最后的答案。

1）真实故事

丰田汽车公司前副社长大野耐一先生曾举了一个例子来找出停机的真正原因。有一次大野耐一在生产线上的机器总是停转，虽然修过多次但仍不见好转。于是，大野耐一与工人进行了以下的问答：

一问："为什么机器停了？"

答："因为超过了负荷，保险丝就断了。"

二问："为什么超负荷？"

答："因为轴承的润滑不够。"

三问："为什么润滑不够？"

答："因为润滑泵吸不上油来。"

四问："为什么润滑泵吸不上油来？"

答："因为油泵轴承磨损、松动了。"

五问："为什么磨损了呢？"

答："因为没有安装过滤器，混进了铁屑等杂质。"

经过连续5次不停地问"为什么"，就找到了问题的真正原因和解决的方法，在油泵轴上安装过滤器。如果没有这种追根究底的精神来发掘问题，工人们很可能只是换根保险丝草草了事，真正的问题还是没有解决。

2）5个W方法的内涵

What are you？你是谁？

What do you want？你想做什么？

What can you do？你能做什么？

What can support you？环境支持你做什么？

What can you be in the end？你的最终目标是什么？

以上5个W涵盖了目标、定位、条件、距离、计划诸多方面，只要在以上几个关键点上加以细化和精心设计，使自身因素和社会条件达到最大限度的契合，对实施过程加以控制，并能在现实生活中趋利避害，就能使职业生涯规划更有实际意义。

3）如何思考5个W

在思考和回答以上5个W时，首先要转换角色，把你变换成我，分别为：

我是谁？要回答这一问题，需要对自己进行深刻的反思，把自己的优点和缺点一一列出来，从而形成一个比较清晰、全面的自我认识。

我想做什么？这一问题要求我们对自己的职业发展心理趋向进行检查。每个人在不同极端的兴趣和目标并不完全一致，有时甚至是完全对立的，但随着年龄和经历的增长，个人的目标会逐渐固定下来，并最终形成自己的终生理想。

我能做什么？个人职业的定位最终以自己的能力为基础，而其职业发展空间的大小则取决于自己的潜力，因而，必须对自己的能力与潜力进行全面总结，对于自身潜力的了解应从以下几个方面着手，如个人兴趣、毅力、临事判断力与决断力，以及知识结构是否全面、是否及时更新等。

环境支持是什么或允许我做什么？环境对于职业选择的重要影响包括两个方面：一是客观方面，包括本地的各种状态，如经济发展、人事政策、企业制度、职业空间等；二是主观方面，包括家庭支持、朋友关系、同事关系、领导态度、亲戚关系等。对于大学生来说，后者的影响更加明显，事实也证明人脉资源越丰富的大学生，找工作越容易；同时，职业发展也很容易受家人、朋友等人的态度影响。

我最终生涯目标是什么？明晰了前面4个问题，就能从各个方面找到对自己有利的和不利的条件，那么，对于第五个问题自然就有了一个清楚明了的方向，从而发现不利条件最少、自己想做而且又有希望实现的最终生涯目标。

3.2.2 案例分析

赵玲的"5W"

个人简介：赵玲，女，商务英语专业大四学生。在临近毕业时她还是难以确立自己的职业目标。就现在来说，外语专业较为热门，找一份差不多的工作并不难，但由于自己性格外向，赵玲并不喜欢单调的办公室工作，而是特别喜欢导游这一职业。

What are you？某高校商务英语专业毕业生，优秀学生干部，学业成绩优秀，英语通过了大学英语六级；习得国际旅游英语、旅游管理、导游概论课程；已取得旅委颁发的"导游证书"。家境一般，父母工作稳定，身体健康，暂时还不需要有人特别照顾；自己身体健康，个性活泼，喜欢热闹，组织能力特别强。

What do you want？很想成为一名导游，自己比较喜欢这个职业；其次可以成为宾馆、饭店的管理人员；也可以考虑出国读本科，回国做翻译工作。

What can you do？曾在宾馆做过前台接待，并因英语口语良好，受邀担任过随团导游兼翻译，很有成就感；当过学生干部，团队合作意识强，多次参与学校组织的有影响的大型活动。

What can support you？家长希望她能去国外继续深造；学校老师推荐她去一家品牌化妆品公司担任外文客户维护；有同学自己开了一家货代公司，希望她能加盟，但她自己并不了解公司的具体业务，也不知道它有多大的发展前途，在暑假社会实践时找到了一份兼职导游工作，自己希望成为全职导游。

What can you be in the end？最后的可能选择有4种，分别如下：

①到国外去继续深造，学成归来做自己梦寐以求的翻译工作。但考虑家境一般，要举债读书，心里很不舒服，压力太大，想等自己有能力、有精力了再去深造，也好减轻父母的负担。

②到品牌化妆品公司担任外文客户维护，收入肯定不错，但从发展的角度来看，化妆品行业竞争激烈，起伏较大，自己对此行业的兴趣也不是很大。

③去同学的货代公司做管理，但一是担心自己的专业知识用不上，日久会荒掉；二是

担心对货代行业不熟悉，承担风险较大；三是有来自家庭的阻力，会令自己左右为难。

④如愿从兼职导游转为全职导游。一面带团出游，一面利用业余时间继续读些书，把外语知识与旅游知识有机结合起来。

单纯从职业发展上看，这4种选择都有其合理性，但如果从个体而言，第四种选择显然更符合赵玲本身的职业价值取向。从心理学上看，选择导游这份职业能够满足她乐于与人打交道的个性特征，在工作中也更容易投入，作出一定的成绩后会有很大的成就感。从职业前途看，导游这个职业社会需求量很大。从职业兴趣上看，这种职业也比较符合她的职业兴趣倾向。从能力角度来看，当导游能发挥她的组织能力和交往能力。当然带队出游可能会影响她继续深造，但如果她能够确定自己的最终目标并努力去弥补，那么赵玲实现自己的职业理想将为时不远。

3.2.3　训练活动

What am I ?(我是谁？)

优势：_____

不足：_____

What do I want ?（我想做什么？）

（1）_____

（2）_____

（3）_____

What can I do ?（我能做什么？）

（1）_____

（2）_____

（3）_____

What can support me ?（环境支持或允许我做什么？）

支持：_____

_____

限制：_____

_____

What can I be in the end ?（我最终的职业生涯目标是什么？）

_____

_____

为了我的职业目标，我的行动计划是：

（1）_____

（2）_____

（3）_____

"5W"法是通过一步步的分析，帮你澄清生涯目标的选择，在分析中让你渐渐地了解自己的个性特征和职业机会，从而最终确定自己的职业生涯规划。

SWOT分析法最早是哈佛商学院的安德鲁斯教授为企业中长期发展制订战略而提出的方法，近年来，常常被作为生涯决策分析方法使用，用以坚持个体的技能、能力、兴趣，分析个人优缺点，评估出自己所感兴趣的不同职业道路的机会和危险所在。

"SWOT"中的S代表Strength(优势)；W代表Weakness(劣势)；O代表Opportunity(机会)；T代表Threat（威胁）。从整体上看，SWOT可分为两个部分：第一部分为SW，主要用来分析内部条件；第二部分为OT，主要用来分析外部条件。利用这种方法可以从中找出对自己有利的、值得发扬的因素，以及对自己不利的、要回避的东西，发现存在的问题，找出解决的办法，并明确以后的发展方向。通过这种分析，可以将问题按轻重缓急分类，明确哪些是目前急需解决的问题，哪些是可以稍微拖后的事情，哪些属于战略目标上的障碍，哪些属于战术上的问题，并将这些研究对象列举出来，依照矩阵形势排列，然后按照系统分析的思想，把各种因素相互匹配起来加以分析，从中得出一系列相应的结论，以作出较正确的决策和规划。

3.2.4　大学生职业生涯决策SWOT矩阵

内部因素	优势 S：指个体可控并可以利用的内在积极因素 教育背景 丰富的专业知识和技能 实践经验 特定可转移技巧（如沟通、团队合作、领导能力等） 人格特质（如职业道德、自我约束、承受工作压力的能力、创造性、乐观等） ……	劣势 W：指个体可控并可以改善的内在消极因素 缺乏工作经验 学习成绩差，专业不对口 对自我和挫折的认识都十分不足、较差的领导能力、人际交往能力、沟通能力和团队合作能力 负面的人格特征（如缺乏自律、害羞、情绪化等） ……
外部因素	机会 O：指个体不可控但可以利用的外部积极因素 就业机会增加 再教育的机会增加 专业领域急需人才或专业发展带来的机会 由于提高自我认识、设置更多具体的工作目标带来的机遇 地理位置的优势 ……	危机 T：指个体不可控但可以使其弱化的外部消极因素 就业机会减少 具有丰富技能、经验、知识的竞争者 名校毕业的竞争者 缺少培训、再学习造成的职业发展障碍 专业领域发展有限 ……

在完成内外部因素分析和SWOT矩阵的构建后，可以清楚地看到自己的竞争力和发展机会，从而能够制订出恰当的生涯目标；同时还能清晰地认识自己的不足和外在威胁，从而可以制订出相应的策略，以发挥优势因素，克服劣势因素，利用机会因素，化解威胁因

素。运用系统分析方法，将排列的各种环境因素相互匹配起来加以组合，得出一系列适合自己的对策。

内外环境及SWOT矩阵如下所述。

		内部环境	
		Strength(优势)	Weakness(劣势)
外部环境	Opportunity(机会)	S-O 对策	W-O 对策
	Threat(威胁)	S-T 对策	W-T 对策

对策：

最小与最小对策（W-T对策），即考虑弱点因素和威胁因素，目的是努力使这些因素都趋于最小。例如，觉得自己社交能力不强，就要多参加社会活动。

最小与最大对策（W-O对策），即着重考虑弱点因素和机会因素，目的是努力使弱点趋于最小，机会趋于最大。例如，虽然学校一般，专业偏冷，目前就业市场上对复合型人才需求旺盛，只要自己综合素质足够高，前面的弱点因素就会影响甚微。

最大与最小对策（S-T对策），即着重考虑优势因素和威胁因素，目的是努力使优势因素趋于最大、威胁因素趋于最小，也就是说，要利用自身优势将外部威胁对个体职业发展造成的不利影响降到最低。例如，应届毕业生因为缺乏工作经验而往往被一些大型企业拒之门外，但如果你不仅具备丰富的专业知识，而且表现出良好的沟通、团队合作能力，具有创造性且敢于展现，就极有可能被企业破格录取。

最大与最大对策（S-O对策），即着重考虑优势因素和机会因素，目的在于努力使这两种因素都趋于最大。例如，英语基础好，将来从事外贸工作，就可以在今后继续加强这方面的优势，让它成为各项素质中最具竞争力的要素。这应该是四大策略中最重要的，因为很多劣势是难以弥补的，与其着重于加强短板，还不如突出优势。

3.2.5 案例分析

钱明，男，研究生，某师范大学心理学专业毕业，在校期间专业成绩优秀，曾多次获取奖学金，发表论文若干，且一直担任学生干部工作。但是他性格急躁、容易冲动，唯一的工作经历是大学二年级时在一家大型电子公司的人力资源部门实习了半年。现在想谋取一份人力资源管理的工作。

下面以此个案为例，详细阐述如何在个人职业生涯决策中运用SWOT进行分析。首先对此个案进行自身优势、劣势分析，周围职业环境的机会、威胁分析，然后在这些分析结果的基础上制订出各种相关策略，整合后最终确定钱明应该如何谋取一份大中型外资企业的人力资源管理部门的工作。

钱明职业决策过程中SWOT的运用如下。

内部环境分析（SW）	外部环境分析（OT）	Opportunity(机会)	Threat(威胁)
		人力资源管理部门逐渐受到企业的重视 "入世"后，外资企业的进入导致人力资源管理人才需求量的增大 心理学在人力资源管理中的重要性逐渐凸显出来	人力资源管理方向的毕业生 MSA 的兴起 人力资源管理在很多企业中仍然处于刚起步阶段，其运作很不规范，而今比起学历，我国很多企业更看重工作经验
Strength（优势）	硕士学历，成绩优秀 丰富的学生干部管理经验 大型公司半年实习经历具有心理学的知识背景	优势机会策略（S-O） 继续学习心理学知识，将心理学知识运用到人力资源管理中 发挥担任学生干部的管理特长	优势威胁策略（S-T）
Weakness（劣势）	师范院校毕业 没有丰富的工作阅历 专业不对口 性格急躁，容易冲动	劣势机会策略（W-O） 利用较强的学习能力，自学人力资源管理课程，加强英语学习 继续加强自己在师范院校所培养的口语交流、文字书写等优势	劣势威胁策略（W-T） 训练克服自己的冲动个性结合两个不同的专业，培养宽阔的视野和创新能力 积极寻找重视员工潜能的企业

分析之后的整体结论：职业发展道路定位在大中型外资企业人力资源管理部门。

3.2.6 活动训练

我的SWOT分析

请运用之前学到的知识，盘点自己的技能、能力兴趣，分析个人优缺点，通过SWOT分析，厘清自己的优势和劣势以及生涯发展机会，并在此基础上制订出自己的职业发展目标及行动策略。

SWOT 分析法		
	优势优点（Strength）	劣势缺点（Weakness）
内部个人因素		

续表

SWOT 分析法		
外部环境因素	发展机会（Opportunity）	阻碍威胁（Threat）
我自己真实的卖点：		
总体鉴定（评估你指定的生涯发展目标）：		
具体规划（规划你的 3~5 年具体目标）：		

3.2.7 决策制订模型

制订一个明智的、令人满意的决策必须具备5个步骤：设定目标、评价方案、搜集信息、评估后果以及制订行动方案，以达到最终的目标。

制订理性的决策需要依靠人类左脑的天赋，它主要用来处理推论式思维，承担着分析与逻辑思考的责任。理想化地说，它在运作过程中遵循下面所描述的连续性的、按部就班的步骤。请注意，考虑到过程中的新信息与新见解，箭头是双向通行的。

```
设定目标 ⟷ 评价方案 ⟷ 搜集信息
   ⟷           ⟷           ⟷
调整目标 ⟷ 采取行动 ⟷ 评估后果
```

1.设定目标
你能把亟待解决的问题部分地转化为明确的目标吗？
你想达成什么目标？这些目标有日期限制吗？
你现在能描述出你的目标吗？

2.评价方案
你有哪些备选方案或选择？
你的备选方案与你的核心价值观相契合吗？
你能以书面形式描述一下你的核心价值观吗？

你认为花多少时间去完成这个备选方案是合理的?

3.搜集信息

对于你的备选方案,你了解多少信息?

对于你所作的设想,有哪些是需要再检验一下的?

对于你的备选方案,你需要哪些进一步的信息?

通过哪些渠道,可以搜集到进一步的相关信息?

通过哪些渠道,可以发掘进一步的备选方案?

4.评估后果

可能性:

每个备选方案的成功率有多少?

每个备选方案最有价值的地方是什么?

吸引力:

你能否首先排除掉一个最不合意的备选方案?

当你考虑采取最有可能的那个方案时问问自己,你到底对它渴求有多少?

为了得到你想要的,有哪些是你愿意放弃的?

5.制订行动方案

考虑到你所知道的所有信息,你针对这个决定的行动方案是什么?

你将在哪一天开始实施你的行动方案?

你的行动方案中是否明确表明了你的目的?

你的行动方案中是否详细说明了实现目标的详细步骤?

你的行动方案中是否详细说明了实现目标所必需的条件?

直到你开始行动方案的时候,你才算真正作出了一个决策。现在开始吧,让系统性的决策成为一场冒险,并成为你的习惯!

3.3 职业生涯规划书的撰写

3.3.1 职业生涯规划书范文

自我分析

1.我的性格

大家都说我是一个活泼开朗的人,很善于与人交流,人缘也比较好,但是很多时候在一些场合缺乏自信,有时患得患失,总是考虑得太多,所以错过了一些很好的机会。从小到大都比较要强,不服输,总想比别人做得更好,不过来到大学,发现人外有人,天外有天，所以开始懂得只要自己努力了就不后悔，不管结果是不是第一，只要自己尽力了就是最好的。性格比较直爽，有时容易伤人，虽然在尽力改变，但是还需要进一步改善。我是个很好的合作伙伴，做事踏实认真，大家交给我的事情总能很好地完成，一丝不苟。

2.我的兴趣

喜欢看电视、报纸、上网、逛街、打羽毛球等。很喜欢玩，但是也很关心时事和政治方面的新闻，可以说爱好广泛，但是没有什么很专一能做好的事情。

3.我自己认为所具有的能力

现在班级里担任班长，所以在这一年里，自己的很多能力都有所提高。例如，在协调班级工作中，增强了合作意识，并提升了统筹规划的能力，在工作中，可能会遇到一些摩擦，在解决这些小摩擦的过程中，我也提升了解决问题和矛盾的能力。也具有了一定的与人交流沟通和组织各种活动的能力。

4.我的价值观

我自己感觉我的人生观和价值观都比较正确，我的价值观是信仰共产主义，而且一直坚信，人一生不能只为了钱去追逐，最有意义的一生是活得快乐幸福，而不是为了追逐金钱和奢侈的生活。

5.我的优势和劣势

优势，我的人缘还可以，善于与人交流，在组织活动等方面有一定的组织能力，性格比较开朗，能够很好地调节自己的心情。比较要强，做事踏实。劣势，缺乏恒心，自制力也比较差，不能很好地控制自己，有的时候性格太直了，有什么说什么，容易伤害到别人。

6.我的技能

英语比较好，计算机常用软件的使用，口语表达能力比较强，善于学习新事物。

专业就业前景分析

我所学的是自动化专业。与本专业就业领域相关联的行业在近年来借助市场经济的发展和对外开放程度的加深，获得了飞速发展。民航、铁路、金融、通信系统、税务、海关等部门的自动化程度越来越高，科研院所、高科技公司也借助强大的人才优势发展迅猛。未来随着自动化技术应用领域的日益拓展，对这一专业人才的需求将会不断增加，自动化专业的毕业生也将借助这一技术的广泛应用而在社会生活的各个领域、经济发展的各个环节找到发挥自己专长的理想位置。虽然现在的自动化专业就业形势较为理想，但是如果在专业课程上没有很过硬的技术，就很难找到一个满意的工作。

由于对技术的要求较高，而在大学本科阶段有很多东西都学不到，所以我要考研，考本专业的研究生继续深造，争取能够在对口专业找到一个工作。虽然，对于一个女生来说，学习自动化专业比较困难，但是如果坚定了信念，并努力把它学好，应该没有什么做不到的事情。"既然选择了远方，便只顾风雨兼程"，在今后的几年里，我也要努力地学习自动化专业就业时所要求的职业技能，争取能够在四年里有社会实践的机会，在实践中找到培养自己的专业技能。

职业选择分析

1.在选择职业时遇到的最大困难和困惑

第一，我现在学习的专业是自动化专业，如果我从事本专业的工作，那么就需要有很扎实的专业基本功和基础，但是现在我所学习的编程等内容对我自己来说有一定的难度，而且对这些内容并没有很深的兴趣，只是在一点点地培养。

第二，现在全国开设此专业的学校有很多，而对于此专业我们学校并没有什么竞争力，所以不知道自己以后能不能找到合适的工作，也不知道今后能不能胜任自动化专业的工作。

2.我的职业选择

第一，电力工程师；第二，大学老师；第三，公务员。

3.我的选择路径

考研。

4.SWOT分析

（1）内部环境因素

①优势因素（S）：有学习新知识的能力；目标明确；善于动脑思考；分析问题的能力比较强；英语水平较高；求职能力强；情商较高，综合素质比较强。

②劣势因素（W）：专业知识水平不够；做事毛躁，不耐心；自己努力不够。

（2）外部环境因素

①机会因素（O）：所学专业很好，获得工作机会不错；工科专业缺口，需求量较大；毕业时，金融危机逐渐减轻。

②威胁因素（T）：女生工作不好找；全国开设此专业的学校很多，竞争压力较大；大学生就业形势紧张。

综上因素分析：我的性格严谨，比较适合这个职业，且综合素质较高，比较有竞争力，并且现在大环境上此专业有一定的缺口，因此就业相对比较容易。但是作为女生有一定的劣势，就需要去学好专业知识，在其他方面超出男生，才能找到一份满意的工作。

5.我的职业目标选择的工作内容和胜任条件

（1）工作内容

①研究指定电力系统的规划立项，进行投资概算。

②负责电力设备的设计工作。

③研究开发电力设备安装施工技术。

④负责相关发电设备运行的技术督导工作。

⑤分析和处理电力设备安装、调试、检修和改造中的技术问题。

职业概述：电力工程师是从事电站与电力系统的勘测、规划、设计、安装、调试、运行、检修、电网调度、用电管理、电力环保、电力自动化、技术管理等工作的电力专业工程技术人员。

（2）胜任条件

我学习的专业和本职业的要求相关，如果研究生毕业后参与此工作，在专业上的知识应该就够用了。我比较认真，在技术工作中可以很好地完成任务。我的合作能力比较强，可以建立一个很好的合作团队。

6.与职业选择目标的差距

与职业选择目标的差距主要体现在专业知识上。第二，是耐心做事的能力。作为工程师，以后的工作很可能会比较枯燥、复杂，这就需要我有很强的耐心和对工作的热爱。这也需要我在今后的学习中不断努力提高。

未来3年的行动计划

1.2017年暑假

进行实践活动，在活动中提升自己的吃苦耐劳和团队合作能力。并在参观世博会期间，因为在世博会上所展出的很多是我们专业最高水平的产品，最高的技术展示，所以很有必要去参观并仔细了解它们，提高自己的创新能力。

2.2017—2018学年

大二是专业课最多的时候，因为我要从事本专业工作，并想考研，因此，大二一定要抓紧一切时间努力学习，并加深编程知识的学习，如C语言和C++，这是以后学习的基础，一定要打好基础。大二的实验课程明显增多，一定要把学习与实验相结合，工科需要的是动手能力，一定要在实验里多锻炼多学习。争取参加数学建模大赛，并申请URTP项目，帮助老师做一些项目。

四六级：在12月份考过英语四级，在2018年6月考过英语六级，并争取考过计算机三级。

奖学金：争取在这一学年，每科成绩都过80分，争取获得专业奖学金。

入党：好好表现，向党组织靠拢，起好带头作用，争取入党。

体育：加强锻炼，提高体能，为了今后考研的辛苦学习和高强度的工作提前锻炼好身体。

3.考验计划

2018—2019学年，这是考研的冲刺时刻，大部分的时间就要放在考研上，并参加考研辅导班，争取考上自己理想的专业。2018年6月开始，关注考研动态，在英语方面开始背单词和课文，报考研英语辅导班，开始向考研方向学习英语。报考政治辅导班。2018年8月开始，从头复习高数、线代等，按章节安排好复习，掌握复习时间。

实习计划：我们学院大三有金工实习，争取在这些实习过程中，提高动手能力，为以后的工作打好基础。要做一个有理论也有时间的大学生。

一篇好的职业生涯规划书对自己未来的发展是很重要的。怎样才能写好一篇切合自身，又合理的职业生涯规划书呢？

3.3.2　大学生职业生涯规划书的一般内容

1）职业志向的树立

志向是事业成功的基本前提，没有志向，事业成功也就无从谈起。俗话说："志不立，天下无可成之事。"立志是人生的起跑点，反映一个人的理想、胸怀、情趣和价值观，影响一个人的奋斗目标及成就的大小。所以在制订生涯规划时，首先要确立志向，这是制订职业生涯规划的关键，也是职业生涯规划中最重要的一点。

2) 自我评估

自我评估的目的，是认识自己、了解自己。因为只有认识了自己，才能对自己的职业作出正确的选择，才能选定适合自己发展的职业生涯路线，才能对自己的职业生涯目标作出最佳抉择。自我评估包括自己的兴趣、特长、学识、技能、智商、情商、思维方法、道德水准以及社会中的自我等。

3) 环境评估

每个人都处在一定的环境之中，离开了这个环境，便无法生存与成长。因此，在制订自己的职业生涯规划时，要分析环境条件的特点、环境的发展变化情况、自己与环境的关系、自己在这个环境的地位、环境中对自己提出的要求以及环境对自己有利的条件与不利的条件等。只有对这些环境因素充分了解，才能做到在复杂的环境中趋利避害，使你的职业生涯规划具有实际意义。

环境因素评估主要包括组织环境、政治环境、社会环境、经济环境等。

4）确定职业发展目标

职业生涯目标的设定，是职业生涯规划的核心。一个人事业的成败，很大程度上取决于有无正确适当的目标。没有目标如同漂流在大海上的孤舟，四野茫茫，没有方向，不知道自己走向何方。只有树立了目标，才能明确奋斗方向，犹如海洋中的灯塔，引导你避开暗礁危石，走向成功。目标的设定，是在继职业选择、职业生涯路线选择后，对人生目标作出的抉择。其抉择是以自己的最佳才能、最优性格、最大兴趣、最有利的环境等信息为依据。

3.3.3 制订远景目标和阶段性目标

远景目标是我们医院的一个简要的陈述。它以我们所期望的结果作为重点，内容明确，或长期或短期。远景目标适用于不间断的整个过程，帮助我们达成某些旨在扩展我们极限的挑战。

阶段性目标适用于完成远景目标的一些具体使用步骤，它们是短期的、小规模的目标。在达成远景目标的道路上，阶段性目标是明确可见并且具有衡量功能的路标，能显示出你目前所在的位置。阶段目标是一个意向声明，显示着你接下来要做些什么，这些可以帮助解释你的位置，并且成为衡量进展结果的一把标尺。

如果你的远景目标是了解更多教学行业的信息，你可能需要制订一个清晰的阶段性目标去达成这个目的。同样，如果你想戒烟、瘦身或者找到一份工作等，这些都需要你制订出一系列清晰的短期目标去达到预期效果。

一句"我想学钢琴"的表述，这就是一个长期目标。这句话看起来似乎已经清楚明了，但事实上，要使它不仅仅是你"愿望清单"上的一个简单句子，还需要更多的细节规划。要实现这个愿望，甚至只是想了解怎样弹钢琴，就需要一系列很清晰的阶段性目标。一个合格的阶段性目标应该陈述清楚行动内容、形势条件、需要耗费的时间或努力，总之越具体越好。下面列出了针对这个目标的一些清晰的阶段性目标："在下周五之前，我会在我家方圆5千米的范围内寻找合适的钢琴老师。""在下下周二之前，我将对所得到的信息进行筛选，缩小我的寻找范围。""在每周三下午六点，我将在陈老师的音乐室上一个小时的钢琴课。""每天饭后要练习一个小时的琴。"

如果难以确定你的远景目标，尝试着列出你对当下有哪些不满，以及哪些能俘获你注意力和激发你热情的事情。现在，问问自己，对这些你能做些什么？通过这样做，刚才你就已经确定了一些目标。比如说，你可能发现现在的工作领域与你的价值观、兴趣性格和技能并不契合。那么，你的目标可能就是找到一份与你的才能更匹配的工作。

如果某个职位与你的价值观、兴趣、性格和技能都完美契合，但是却需要为此接受五年甚至五年以上的培训，那么它可以被作为一项长期的职业生涯目标来考虑。相对的，如果是一个你能够胜任的初级职位，那么它可以被认为是一项短期的职业生涯目标。比如说要成为一个理疗师将是一个长期的职业生涯目标，但是成为一个理疗助理或私人教练就是一个短期的目标。

在制订远景目标和阶段性目标时，有4点应该谨记。

第一，需要考虑清楚：为了得到你想要的，你愿意放弃些什么。大部分人在作出跳槽的决定时，他们的生活通常也因此发生了改变。你可能必须放弃自由时间，去接受一些特定的课程；也可能必须接受减薪（暂时的或永久的），以获得更好的附加福利、保障或在别的领域的潜在成长机会；也可能必须放弃"内行"的地位，从"菜鸟"重新开始，你必须再次证明自己的能力。

第二，在努力达成远景目标时，给自己制订一个实事求是的"时间轴"。如果你能够将阶段性目标与"时间轴"重合，就更有可能达成远景目标。"时间轴"能够以时间顺序把所有的阶段性目标有序地排列起来，这对于帮助你达成远景目标是非常有效的。

一旦完成了一个"时间轴"，把它展示给你的朋友或者顾问是一个不错的主意，你可以在他们面前签下你的名字，并且注上日期，就好像它是一份合同一样——事实上，它的确是一份你与自己所签的合同。如果一切进行得顺利，终将会达成远景目标；如果不顺利，就需要回头再看看你的"时间轴"，并且修改它，或者改变原来的远景目标。

第三，把你的远景目标定得高一些。当然，它必须是符合实际、能够实现的。提醒自己，这是你应该得到的，而且你有能力做到；如果你的起步足够具体、清晰，并且一步一个脚印，那么你能够实现它们。在下面的成功"策略环节"中举了一个"远景目标与阶段性目标"的例子，它阐明了任何一个界定性目标都必须具有足够的重要性，并且必须能够帮助你实现整体目标。

第四，注意事项非常简单但是有效：在完成每个阶段性目标或者达到一个远景目标后，你务必奖励一下自己。有些人说，只有达到了最终目标才值得好好奖励一下，然而，大多数人在外界和内在奖励系统的同时作用下，将会对成功更势在必得。内在奖励是享受内心的成功感，而外在奖励是一些来自外界的鼓励（具体来说：从任务清单上划掉阶段性目标的成就感，试卷上可喜的分数，朋友们的任课，一场特别的晚餐，或者在你一直想要的那双鞋上奢侈一把）。当你达到了一个阶段性目标或是完成了一项远景目标时，你要如何奖励自己呢？

3.3.4 成功策略

远景目标与阶段性目标的例子。

1）远景目标

探索"今年7月之前专业到教育行业"的所需步骤。

2）阶段性目标

①2月1日之前。我要开始阅读《职业生涯规划与就业创业指导》一书。

②3月1日之前。我要开始做每章练习，以促进我的个人理解，提高职业生涯认知。在5月以前，我要完成全部练习。

③4月1日之前。我要确定下来我需要的决策策略，用以挑战与我的才能相匹配的三种工作。

④5月1日之前。我要去高等院校参加一个职业探索讲习班。

⑤6月1日之前。通过再就业中心的阅读了解，我要选出3份工作对其进行调查，并通过网络联系3个以上在本地从事这些工作的人。

⑥7月1日之前。我要针对他们的工作对他们进行拜访，在会面中获得尽量多的信息。

3.3.5 职业生涯规划书撰写的基本要求

1）资料翔实，步骤齐全

搜集资料有多种路径，可通过访谈、从报刊书本中摘抄、上网下载等方式获取资料，要尽可能注明资料的出处，并多运用图标数据来说明问题，以提高资料来源的可信度和说服力。其步骤主要分为四步：第一步分析需求、分析条件及目标设定；第二步分析障碍和可行性研究；第三步设计方案和提升（改变）计划；第四步制订详细的实施计划和措施。

2）论证有据，分析到位

要了解有关的测评理论及知识，认真审视并思考自己的测评报告并对照自我认识与测评结果形成差距的原因，从而确定自我评估的结果，达到"知己"；要厘清自己所处的地理环境，明确自己的最大兴趣是什么、最喜欢与之共事的人的类型、最重视的价值与目标、最喜欢的工作条件是什么，再通过目前环境评估（社会影响、家庭影响、学校因素、就业形势等）和当前社会环境分析（组织环境分析、技术发展、经济的兴衰、政策法规的影响等）来确定自己的职业方向，做到说理有据，层层深入。

3）言简意赅、结构紧凑、重点突出、逻辑严密

语言朴实简洁，用词精练准确，行为流畅，条理清楚，这是最基本的写作要求。撰写时还应分别注意整篇文章的结构和重心所在。职业生涯规划书一般包括对职业规划的认识、对自我的剖析、对所学专业的认识、对职业方向的探索及确定目标制订计划这五个方面的内容。在对这些内容进行分析阐述时，必须紧紧围绕职业目标这条主线来展开，从而体现文章论述的逻辑性和连贯性。要将重点放在自我评估、环境评估、目标实施上。职业生涯规划是自己将来的规划，这个规划只有建立在对自我和职业的充分认识基础上才能体现出它的科学性和可行性。

4）目标明确，合理适中

撰写职业生涯规划书应围绕论述的中心展开，职业生涯目标不能过于理想化，应"择己所爱""择己所长""择市所需""择己所利"。职业生涯规划书的撰写是否成功在很大程度上取决于有无正确适当、切实可行的目标。

5）分解合理，组合科学，措施具体

目标分解、实现路径选择要有理论依据，而且备用路径之间要有内在联系性。目标组合要注意时间上的并进、连续，功能上的因果、互补作用，全方位的组合要涵盖职业生涯、家庭生活、个人事务等方面。

项目 **4**

生涯管理

【任务描述】

在职场竞争中，文凭固然重要，但能力更为重要。能力就是职场的竞争力，因此当代大学生要特别注意自我能力的提升，尤其是综合能力的提升。

【任务分析】

自我能力是职业生涯发展的内生动力。作为当代大学生，应该清楚未来职业发展所需要的能力和能力构成情况，并从多方面提升自身的能力。

【环境准备】

1.每个学生配备教材一本。
2.配备多媒体教室一间。

4.1　自我能力的提升

4.1.1　能力和职业

能力是一个人完成目标或者任务所体现出来的素质。不同的人在完成任务中表现出来的能力是不同的：有人效率高，有人效率低；有人能力强，有人能力弱。从心理学角度看，能力是直接影响活动效率，并使活动顺利完成的个性心理特征。能力在实践中形成，又在实践中体现。离开了具体实践既不能表现人的能力，也不能发展人的能力。

职业是我们实现人生价值的舞台。没有职业，就没有人生价值，就不能放飞梦想。职场世界看重求职者的文凭，但更看重的是求职者的能力。能力是通向职场和决定职场层次高低的金钥匙，当代大学生要特别注意自我能力的提升，尤其是综合能力的提升。

能力是多元的，它是由多种要素构成的综合体系。职场需要的是多种能力的组合，单一的能力无法适应现实社会的需要。只有综合能力强的人才能在职场顺风顺水、大有作为。人的手指有长有短，人的能力构成体系中的能力要素也不可能完全一致。短板现象不可避免，是必然存在的，但只要认识到并努力去弥补，短板是可以改变的。另外换个角度、换个行业、换个岗位，可以在一定程度上克服短板现象。

4.1.2　职业能力

职业能力是指一个人走向工作岗位并在工作岗位上发挥积极作用、成就一番事业应具有的能力，它的构成有：专业能力、沟通协作能力、写作能力、社会适应能力、创新能力、组织管理能力等。

1）专业能力

专业能力是指一个人对专业理论、专业知识的掌握理解程度和运用理论知识的能力。大学里有院系专业之分，社会上有领域行业之别。随着社会的进步，分工越来越细，职业的专业性越来越强，不同的岗位有不同的专业技能要求。你要就业，你要有饭吃，你要在社会上立足，你就要有扎实的专业知识和高超的专业技能。专业能力是迈向职场的第一块敲门砖。没有专业能力，就没有岗位，就没有收入，就没有社会地位，也就没有尊严。

首先，一定的专业能力是胜任某种职业岗位的必要条件。任何一个职业岗位都有相应的岗位职责要求，一定的专业能力则是胜任某种职业岗位的必要条件。

专业能力是职业能力的核心要素。没有一定的专业知识，没有一定的专长，没有一定的专业技能，没有经过专门的学习和训练，就没有就业的资格。职业资格的认定就是对某一职业要求的最基本的专业技能（或专业能力）的认定。获得职业资格证书意味着掌握了一定的专业能力，可以胜任某一岗位的工作。任何职业、任何岗位都需要专业能力。举个简单的例子，例如，保安公司派往企事业单位的保安也要具备一定的专业能力，不是说人人都可以做保安。保安的学历不一定要求很高，但即使是硕士研究生，如果没有经过专门的严格训练，也是无法胜任保安工作的，根本不是有些人说的那样，只要穿件保安服，拿个"叉子"往大门口一站就是保安。要胜任护士、厨师工作，同样需要具备专业能力。如今，好多人会驾驶车辆，但专职驾驶员的驾驶技术比一般人高一些，尽管会开车的人都经过了专门的训练。专业和非专业，专职和非专职，其区别是显而易见的。

其次，职业实践和教育培训是专业能力发展的前提。专业能力是在实践的基础上得到发展和提高的，一个人长期从事某一专业劳动，能促使人的能力向高度专业化发展。例如，计算机文字录用人员，随着工作的熟练和经验的积累，录入的速度会越来越快，准确性也会越来越高。个体的职业能力只有在实际工作中才能不断得到发展、提高和强化。

个体职业能力的提高除了在实践中磨炼和提高之外，最有效的途径就是接受教育和培训。像我们所熟悉的职业教育、专科教育、本科教育、研究生教育等，学生通过对有关知识和技能的掌握，对以后更好地胜任本职工作会有极大的帮助。

最后，专业能力、职业发展与职业创造间的关系。专业能力是人的发展和创造的基础。前面讲到能力是成功地完成某种任务或胜任工作的必不可少的基本因素，没有能力或能力低下，就难以达到工作岗位的要求，就不能胜任工作。个体的专业能力越强，各种能力越是综合发展，就越能促进人的职业发展，就越能取得较好的工作绩效和业绩，越能给个人带来职业成就感。一定的专业能力是职业创造的基础。创新是一个民族、国家发展的不竭动力，也是一个企业、一个人发展的不竭动力。在原来的基础上往前迈一步，就是创新。没有基础，也就无所谓创新，与没有一，就没有二的道理是一样的。我们不入门，就不能深入堂奥；不进入职场，就没有职场的创造与创新。专业能力是进入职场的前提，所以专业能力的提高就显得尤为重要。

2）沟通能力

沟通能力是指沟通者所具备的能胜任沟通工作的优良主观条件。简言之，人际沟通的能力是指一个人与他人有效地进行信息沟通的能力，包括外在技巧和内在动因。其中，恰如其分和沟通效率是人们判断沟通能力的基本尺度。恰如其分是指沟通行为符合沟通情境和彼此相互关系的标准或期望；沟通效率则指沟通活动在功能上达到了预期的目标，或者满足了沟通者的需要。

从表面上来看，沟通能力似乎就是一种能说会道的能力，实际上它包罗了从穿衣打扮到言谈举止等一切行为的能力；一个具有良好沟通能力的人，他可以将自己所拥有的专业知识及专业能力进行充分发挥，并能给对方留下"我最棒""我能行"的深刻印象。

在实际工作中，一个人的沟通协调能力是很重要的，善于沟通、良好的沟通效果往往会使人很快在工作中打开局面，赢得广阔的发展空间，并且有较高的成就感；而不善于沟通，沟通不畅则经常会让人感到举步维艰、处处碰壁。

人是社会的动物，社会是人与人相互作用的产物。马克思指出："人是一切社会关系的总和。""一个人的发展取决于和他直接或间接进行交往的其他一切人的发展。"因此，沟通能力是一个人生存与发展的必备能力，也是决定一个人成功的必要条件。

一个人能够与他人准确、及时地沟通，才能建立起良好的人际关系，而且是牢固的、长久的。进而能够使得自己在事业上左右逢源、如虎添翼，最终取得成功。石油大王洛克菲勒说："假如人际沟通能力也是同糖或咖啡一样的商品的话，我愿意付出比太阳底下任何东西都珍贵的价格购买这种能力。"由此可见沟通的重要性。

人与人的交流沟通如果不顺畅，就不能将自己真实想法告诉对方，会引起误解或者闹笑话。南方的孩子没见过雪，所以不知道雪是什么东西。老师说雪是纯白的，儿童就将雪想象成盐；老师说雪是冷的，儿童将雪想象成了冰淇淋；老师说雪是细细的，儿童就将雪想象成了沙子。最后，儿童在考试的时候，这样描述雪：雪是淡黄色，味道又冷又咸的沙。

人与人的交往，就是一个反复沟通的过程，沟通好了，就容易建立起良好的人际关系；沟通不好，闹点笑话倒没什么，但因此得罪人、失去朋友，后果就严重了。下面的例子虽然有些夸张，但说明了沟通的极端重要性。话说有一个人请甲、乙、丙、丁四个朋友吃饭，临近吃饭的时间了，丁迟迟未来。主人着急了，一句话就顺口而出："该来的怎么还不来？"甲听到这话，不高兴了，心想："看来我是不该来的？"于是就告辞了。主人很后悔自己说错了话，连忙对乙、丙解释道："不该走的怎么走了？"乙心想："原来该走的是我。"于是也走了。这时候，丙对他说"你真不会说话，把客人都气走了"。那人辩解说："我说的又不是他们。"丙一听，心想："这里只剩我一个人了，原来是说我啊！"也生气地走了。

沟通作为一个重要的人际交往技巧，在日常生活中的运用非常广泛，其影响也很大。可以说，人际矛盾产生的原因，大多数都是因为沟通不畅。在国与国的交往中，特别强调"增进共识"，实际上就是多进行有效的沟通。还有，人最怕的就是被冤枉，冤枉是怎么产生的？不就是因为沟通不畅或者沟通错误吗？

善于观察的人都知道，猫和狗是仇家，见面必掐。起因就是，阿猫阿狗们在沟通上出了点问题。摇尾摆臀是狗族示好的表示，而这种"身体语言"在猫儿们那里却是挑衅的意思；反之，猫儿们在表示友好时就会发出"呼噜呼噜"的声音，而这种声音在狗听来就是想打架的意思。阿猫阿狗本来都是好意，结果却是好心得不到好报，反而被当作了驴肝肺！但从小生活在一起的猫狗就不会发生这样的对立，原因是彼此熟悉对方行为语言的含义。所以熟悉对方语言，进行有效沟通是十分重要的。

据《圣经·旧约》上说，人类的祖先最初讲的是同一种语言，日子过得非常好，决定修建一座可以通天的巨塔。由于人们沟通流畅、准确，大家就心往一处想，劲头朝一处使，高高的塔顶不久就冲入云霄。上帝得知此事又惊又怒，认为人们能建起这样的巨塔，日后还有什么办不成的事情呢？于是，上帝决定让人世间的语言变成好多种，各种语言里又有很多种方言。这么一来，造塔的人言语不通，沟通经常出现误会、错误，巨塔就再也无法建造了。 由此可见，如果一个团队能够沟通顺畅，上下合力，所爆发出来的力量是令上帝都害怕的。所以沃尔玛公司的总裁沃尔顿说："如果你必须将沃尔玛管理体制浓缩成一种思想，那就是沟通。因为它是我们成功的真正关键之一。"

现代社会，不善于沟通将失去许多机会，同时也将导致自己无法与别人协作。你我都不是生活在孤岛上，只有与他人保持良好的协作，才能获取自己所需要的资源，才能获得成功。要知道，现实中所有的成功者都是擅长人际沟通、珍视人际沟通的人。 一个人能够与他人准确、及时地沟通，才能建立起良好的人际关系，而且是牢固的、长久的。进而才能使自己在事业上左右逢源、如虎添翼，最终获得成功。

沟通能力的修炼是有一定的路径可寻的。其中也有一些技巧需要大家注意：

一是清楚角色。沟通首先是一种站位。"屁股决定脑袋"，意思就是说，站在什么位置说什么话。作为下级、领导、同事和面对客户时你的角色是不同的。只有自身角色清楚了，才知道站在什么角度说话，这是沟通的首要前提。

二是培育心态。沟通还是一种心态，有什么样的心态，就有什么样的沟通方式。在人际交往中，良好的沟通品质可以从以下几个角度开始修行。

积极心态：积极的心态会为自己创造积极的沟通状态，好的沟通状态能够为沟通对象敞开心扉创造条件。

感恩心态：对人心存感恩之心，才会对人拥有敬畏之感。在企业里最常见的现象就是部门本位主义严重，横向部门和同事之间工作协调和沟通比较困难。"感恩"在怀，就会避免交往和沟通中的自大、自我、狂妄和傲慢，创造良好的沟通氛围，建立和谐的人际关系。

欣赏心态：仅掌握了表面的赞美技巧，却没有欣赏的心态和眼光，再好的技巧也无用武之地。内心没有欣赏的眼光和感恩的心态，即使你微笑，你的微笑也是死板和僵化的。学会欣赏和真诚赞美，因为只有懂得欣赏别人，才会真诚赞美别人。

尊重心态：尊重心态就是要求站在对方的角度去沟通，而不是站在自己的角度去沟通。同理心沟通最重要的沟通步骤就是"倾听"和"分担"。要别人信任你，首先就要换位体会，尊重对方的想法和感受。

三是改变思维模式。一切善于沟通的人其技巧和话术的背后，都有一套自己的思维模式和沟通套路。或是以理服人，或是以情动人。要想实现良好的沟通，就需要具备既善于理性分析，又善于进行换位思考的全脑思维模式。把人性和原则性巧妙适当地结合起来，才是一种了不起的沟通艺术。毫不夸张地说，在当今企业管理和营销活动中，在思维方式上面临的最大转变和最大挑战，就是要学会全脑思考。

所谓全脑思维，是一种创造性思维方式。它可以任意改变思维方式，从多角度、多视野去生发和联想；它无所顾忌，也无正确、错误之分；它不必循规蹈矩、按部就班，更没有固定的模式，它具有新颖、独到、变通、灵活的特点。全脑思维的精髓就是不墨守成规，敢于标新立异，它不受现代知识和方法的束缚，能多方法、多角度、多层次地提出问题、分析问题和解决问题。

四是提高专业技能。沟通者熟练掌握所处行业和岗位应具备的专业知识和能力，以及专业的沟通话术。无论身处什么岗位，只有成为本行业、本岗位、本专业的专业人士和业内专家，你说话才有威信，才会让他人信服你，乃至佩服你，与其沟通才有说服力。

五是注意沟通技巧。沟通是一种方法和技巧。恰当地运用肢体语言，能提高沟通的效果。很多人都知道身体语言在沟通中的作用。但是，要恰如其分地运用身体语言还是有一定的难度。要明确的是，同样的身体语言，如果是不同性格的人做出的，它的意义很有可能是不一样的。另外，同样的身体语言在不同语境中的意义也是不一样的。因此，不但要了解身体语言的意义，而且要培养自己的观察能力，要站在对方的角度来思考，善于从对方不自觉的姿势表情或神态中发现对方的真实想法，千万不要武断地下结论。在使用身体语言时，要注意身体语言使用的情境是否合适，是否与自己的角色相一致。少做无意义的动作，以免分散对方的注意力，影响沟通效果。另外悉心倾听，不打断对方，眼睛不躲闪，全神贯注地用心来听；坦诚地讲出自己的内心感受、想法和期望；不能口出狂言、恶言；敢于认错，勇于承担责任；语言精练，切忌啰唆；用语准确，切忌模棱两可；思路清晰，切忌逻辑混乱等也是重要的沟通技巧。

3）写作能力

写作能力是指一个人对自己的知识积累进行去粗取精、加工、改造的能力。积累是写作的基础和源头，积累越多，素材就越多，思路就越广，写作就顺畅，文章就能根深叶茂，甚至会开出奇葩。如果没有积累，胸无点墨，不知从何处开始，又不知写什么，怎么能写出好文章呢？这就是所谓的巧妇难为无米之炊！

提高写作能力，要从3个方面着手。

①提高立意能力。指通过对客观事物的观察、分析和判断，把其中包含的意思加以提炼，确定所要表达的中心思想。

②提高布局谋篇的能力。作者要根据中心思想组织材料、取舍材料，根据中心思想选取表达方式。另外，何处详细、何处简略，文章要分成几个部分，逻辑关系如何等要进行筹谋。

③提高文字表述能力。指连缀成文的能力，具体来说，就是汉语语法正确，标点符号得当，能熟练使用修辞手法。

提高写作能力，一要培养兴趣。古人云："兴趣是前提，好者方能精。" 培养兴趣非常重要。有人不善于写作，不愿意写作，提起写作就头疼，总觉得无话可说，也不知从何说起，写起文章来东拼西凑，结果总是不尽如人意。他们对写作不感兴趣，"不愿写、不想写、不去写"是写作水平难以提高的一个重要原因。万事开头难，只要肯动笔，就是迈出了成功的第一步。

二是多读书。"读书破万卷，下笔如有神。" 阅读能力与写作能力相辅相成，阅读是摄取材料的主要途径，在写作上有积累知识、储备材料、提高修养、借鉴技法等多方面的作用。阅读重在理解与吸收。人们在进行广泛深入的阅读之后，知识储备丰富了，眼界开阔了，形象思维和逻辑思维发展了，审美修养的水平提高了，这些都能给写作者提供写作材料和表达技巧的借鉴。阅读不能盲目，要多读精品华章，要注意分析思考，从中体会作者的独到匠心，不断丰富自己的写作手法，不断提升自己的写作技巧。

三是多做"豆腐块"。"文章非天成，努力能写好。" 在练习写文章时，不要指望一开始就能搞出鸿篇巨制，让他人刮目相看。文章的写作有它自己的规律。从小到大，由简到繁，由浅入深，一步一个脚印、一步一个台阶，扎扎实实地前行，这就是规律。因此，练习写作不妨从写"火柴盒""豆腐块"做起，做到勤写、多写并且坚持不懈。有道是："常看胸中有本，常写笔下生花。"只要坚持勤于练笔，不怕失败，善于总结经验教训，经常向有经验的同行请教，自己就会慢慢"入门"，写作水平就一定能在不知不觉中逐步提高。

提高写作能力，必须提高文字表述能力。写作人员有了对事物的正确认识之后，如果缺乏较强的文字表述能力，不能娴熟运用写作技巧完成"意—文"的转化，不能将高深的认识准确、完美地付诸于文字，写作仍然会功败垂成。文字表述能力的高低，往往决定了文章写作的成败。例如，著名物理学家麦克斯韦是经典电磁学理论的奠基人，他所取得的成功，除了他的研究天才外，还与他的文字才能相关。麦克斯韦酷爱文学，在中学时代就曾获得诗歌比赛第一名。在电磁学理论方面，早在麦克斯韦之前，著名的物理学家法拉第已经进行了30多年的精心研究，他用直观的"力线"来表述电磁现象，但由于表述思路"模糊不堪"，文字"晦涩难懂"，使他的"力线"提出后未得到当时科学界的公认。20多年后即1854年，年轻的麦克斯韦第一次读到法拉第的《电学实验研究》，他深入研究了"力线"理论后，以一组对称、严谨的微分方程和精确、生动的文字，清晰地表述了电磁学理论，并预言了电磁波的存在，把电磁学理论推到了一个崭新的阶段，得到了科学界的高度评价。显然，法拉第的研究成果未能取得公认，很大程度上是因为他的文字表述能力不高；而麦克斯韦的成功，则得益于他文字功力的高超。

文字表述能力依赖于缜密的思维、娴熟的语法技巧、丰富的词汇以及反复的推敲修改。要具备这些能力，从多数人的经验看，只有下"笨"功夫，即大量阅读和多写多练。有许多文笔很好的人，学历并不高，如毛泽东、鲁迅等，但是他们读书面之广、知识之渊博，较少有人能与之相比。日本友人长尾景和写过一篇回忆文章，说和鲁迅谈了一次话，发现"就是五个日本博士结合在一起，也不会知道这么多"。鲁迅的文章写得深邃、透彻，令人叹为观止，与他博览群书是分不开的。"读书破万卷，下笔如有神"，这是杜甫总结出的写好文章的千古诀窍。然而，有的人读破了万卷书也不见得下笔就有神。所以读书不能只追求数量，要注重阅读的质量和阅读的深度，要学会分析人家的写作方法，达到

"理有所本，体有所摹，语有所取"的目的。

提高写作能力，必须学会修改文章。修改文章时，可以从以下3个方面入手：一是对文章的主题进行推敲。主题表现得如何，是决定文章成败的头等大事。修改文章时，首先看看文章的主题与材料是否相符，如果主题与材料相符，文章在大的方面就不存在什么问题了。二是对文章的重点部分进行研究。文章的每个重点部分，都有它相对独立的中心，也存在一个"中心与材料是否吻合、材料安排是否合理"的问题。此外，还看各组成部分是不是写得具体生动，哪些地方应该凸显，哪些地方应该简单，哪些地方应该删去，直到各方面都不存在问题为止。三是对文章的句子、标点符号、段落等进行修改。句子、标点符号和段落是文章的基本元素，它们的好坏也直接影响着文章的质量，所以要很重视。这一阶段的工作，主要是看段意是否表达得明确清晰，是否有条理；还看各个句子衔接得如何，以及有没有语句和标点符号等方面的错误等。通过上述3个方面的修改后，文章中许多毛病就会逐步得到改进，明显的错误就会逐渐地减少。

4）学习能力（学会学习）

学习能力是指一个人运用科学的方法高效获取知识的能力，或者说是创新性学习的能力。

当下，社会飞速发展，知识更新不断加快。掌握很好的学习方法和学习能力，高效地管理知识技能，才能在提高学习效率的同时，充分地利用知识，将知识转化为生产力，提高工作能力，从而提高我们的职场竞争力。

在相同的条件下，学习同样的内容，不同的人会取得不同的效果。这种不同效果的产生，最重要的原因就是学习能力的不同造成的。工作能力同样如此，完成同样的工作，不同的人完成效率也是不一样的，这是由于工作能力的差异造成的。

学校学到的知识毕竟是有限的，我们要跟上时代的步伐，必须在工作岗位上边干边学，缺什么补什么，不断地完善自己。只有不断地学习，才能接触许多新东西，才能不断提高自己的知识层次，拓宽知识视野。今天能跟得上时代的步伐，不代表明天还能跟得上，无论你能力多么出众、表现多么优秀，不学习就会被淘汰。

美国著名未来学家阿尔温·托夫勒曾经指出："未来的文盲不再是不识字的人，而是没有学会怎样学习的人。"在当下和将来，学会学习是每一个人都要面对的时代课题，它既是叩开终身学习之门的钥匙，也是迈入知识经济时代的入门券。如何提高学习能力呢？

掌握科学的学习方法是学会学习的关键。所谓学会学习，在某种意义上就是学会学习的方法。科学的学习方法不仅有助于在学习活动中少走弯路，有利于培养和提高各种学习能力，提高学习效率。科学的学习方法是人们的认识规律和学习规律的反映，它具有共同性和普遍性。同时，学习方法由于受学习目的、学习内容、学习条件、教育者的个体特征（如教授方法，学识水平）、学习者的个体特征（如年龄、文化基础、个性）等因素制约，因此，学习方法又呈现出多样性并具有个体性特征。

要借鉴前人和外国人的学习经验。前人和外国创造的科学学习方法，是人类共同的财富。我们应当借鉴和汲取这些经验，使我们在探讨学习方法时少走弯路。

要结合学习的实际，探究具有不同针对性的学习方法。在不同的学习阶段，学习目标、学习内容、学习对象与学习环境不同，学习方法也就不同；专业性质和课程特点不同，学习方法就有差异。因此，学习方法要因课、因时而异，针对不同的内容和要求，采取不同的学习方法。

还要从个人实际出发，采用和创建适合自己特点的科学学习方法。每个人的发展基础不同，智力和非智力因素有差异，学习习惯、特点不同，因此，在研究、采用和创建科学的学习方法时，必须切合个人实际，切忌"千人一方""千人一途"。"学有其法，学无定法。"最好的学习方法应当既是科学的，又是适合自己的。

学习有两种方式：一是维持性学习或称适应性学习，其功能在于掌握已有的知识、经验，提高解决当前已经发生的问题的能力，即"学会"；二是创新性学习或自主创新性学习，其功能在于通过学习提高发现新知识、新信息和提出新问题的能力，迎接和处理未来社会发生的日新月异的变化，即"会学"。在农耕时代和工业经济时代，科技发展速度相对缓慢，"维持性学习"为主的模式已满足了社会的需要。但在知识经济时代，要求人们在学习方式上实现从"维持性学习"向"创新性学习"的转变。

学会学习，要学会利用现代化的学习工具。信息手段决定着人们获取信息量的大小和学习的模式，影响学习的效率。农耕时代，知识传播靠言传身教。工业化时代，靠教材、报纸、广播和电视等。而在知识经济时代，计算机网络和信息高速公路的发展，为学习开辟了广阔的道路。计算机已经成为信息搜集、加工、存储、处理、传递、使用的有力工具，计算机网络已经成为最现代化的学习工具。

5）创新能力

创新能力是指个人、群体和组织在各种实践活动中不断提供具有经济价值、社会价值、生态价值的新思想、新理论、新方法和新发明的能力。

创新是指以现有的思维模式提出有别于常规或常人思路的见解为导向，利用现有的知识和物质条件，在特定的环境中，本着理想化需要或为了满足社会需求，而改进或创造新的事物(包括产品、方法、元素、路径、环境)，并能获得一定积极效果的行为。创新是民族进步的灵魂，国家发展的不竭动力；是组织发展壮大的源泉，也是个人成就事业、实现梦想的助推器。

如果这个世界没有创新能力，便不会有今日人类的文明；如果爱因斯坦、爱迪生等人没有创新能力，他们不可能彪炳史册；如果一个人不具有创新能力，不可能成就一番事业；如果一个民族没有创新人才，那么它很难屹立于世界民族之林。

创新能力的实质就是创造性解决问题的能力。创新意味着不因循守旧，不循规蹈矩，不固步自封。随着知识经济时代的来临，创新将成为未来社会文化的基础和核心，创新人才将成为提升国家和企业竞争力的决定性因素。

创新的思维是综合素质的核心。知识既不是智慧也不是能力，德国著名物理学家劳厄谈教育时说过，重要的不是获得知识，而是发展思维能力。劳厄的谈话绝不是否定知识，而是强调只有将知识转化为能力，才能成为真正有用的东西。大量的事实表明，古往今来许多成功者既不是那些最勤奋的人，也不是那些知识最渊博的人，而是那些思维敏捷、最具创新意识的人，他们懂得如何去正确思考，最善于利用头脑的力量。在当今的知识经济时代，一个人要想在激烈的竞争中生存，不仅需要付出勤奋，还必须具有智慧。古希腊哲人普罗塔戈拉说过一句话："大脑不是一个被填满的容器，而是一支需要被点燃的火把。"其实，他说的这支被点燃的火把正是人们头脑中的创新思维。

强烈的创新意识和顽强的创新精神是创新的前提。所谓创新意识就是推崇创新、追求创新、以创新为荣的观念和意识。所谓创新精神就是强烈进取的思维。一个人的创新精神主要表现为：首创精神、进取精神、探索精神、顽强精神、献身精神、求是精神（即科学精神）。

创新具有普遍性和可开发性。创新的普遍性是指创新能力是人人都具有的一种能力。如果创新能力只有少数人才能具有，那么许多创新理论，包括创造学、发明学、成功学等就失去了存在的意义。人的创造性是先天的自然属性，它随着人的大脑进化而进化，其存在的形式表现为创新潜能，人与人之间这种天生的创新能力并无多大区别。创新的可开发性是指人的创新能力是可以激发和提升的。将创新潜能转化为显能，这个显能就是具有社会属性的后天的创新能力。潜能转化为显能后，人的创新能力也就有了强、弱之分。通过激发、教育、训练可以使人的创新能力由弱变强，迅速提升。

创新思维是创新能力的核心因素，是创新活动的灵魂。开展创新训练的实质就是对创新思维的开发和引导。有句慧语说："有什么样的思路就有什么样的出路。"一个人的创新能力，特别是创新思维能力的强弱，将决定他将来的发展前途。有人对自己的创新能力总是持怀疑态度，这严重地影响了创新潜能的开发。早在1943年，著名教育家陶行知先生就对"环境太平凡不能创新、生活太单调不能创新、年纪太小不能创新、我太无能不能创新"等错误观点进行了批判。

创新者贵在质疑。对所学习或研究的事物要有怀疑态度，不要认为被人验证过的都是真理。许多科学家对旧知识的扬弃，对谬误的否定，无不自怀疑开始的。伽利略则始于对亚里士多德"物体依本身的轻重而下落有快有慢"的结论的怀疑，发现了自由落体规律。怀疑是发自内在的创造潜能，它激发人们去钻研、去探索。对课本不要总认为是专家教授们写的，不可能有误？专家教授们专业知识渊博精深，我们是应该认真地学习。但是，事物在不断地变化，有些知识现在适用，将来不一定适用。再说，现在的知识不一定没有缺陷和疏漏。老师不是万能的，任何老师所传授的专业知识不能说全部都是绝对准确的。对待我们所学习或研究的事物，应做到：不要迷信任何权威，应大胆地怀疑。这是我们创新的出发点。

创新者贵在求异。他们不喜欢"人云亦云"，不愿意"亦步亦趋"，却喜欢独辟蹊径，更喜欢标新立异。创新不是简单地模仿。要有创新精神和创新成果，必须要有求异的观念。求异实质上就是换个角度思考，从多个角度思考。并将结果进行比较。求异者往往要比常人看问题更深刻、更全面。

创新者贵在敢于冒险。敢于涉险，才会有新发现；敢于闯荡，才会迸发新思路。创造实质上是一种冒险行为，因为颠覆了人们的旧思想、旧思维，可能会遭致公众的反对。一味地求稳、求平，也就没有了新奇，更没有了创新。诚然，大多数人都不会成为伟人，但我们至少可以最大限度地挖掘自己的创造潜能。

4.1.3　了解和掌握职场对就业者能力的要求

通过教师授课、学生上网查阅、社会调研，学生要了解未来职场对就业者能力的要求。强化自我能力提高的意识，掌握自我能力提高的方法和途径。

通过教师授课、学生上网查阅、社会调研，学生要增强自我能力提高的紧迫感，掌握自我能力提高的方法和途径。

4.1.4　任务考核

（1）写一篇不少于3 000字的未来职场对能力要求的文章。

（2）对自我能力进行分析、比较并制订自我能力提高的规划。

4.2　职业素质的拓展

4.2.1　职业素质

1）职业素质的含义

职业素质是指从业者在一定生理和心理条件的基础上，通过教育培训、职业实践、自我修炼等途径形成和发展起来的，在职业活动中起决定性作用的、内在的、相对稳定的基本品质。由于职业是人生意义和价值的根本之所在，职业生涯既是人生历程中的主体部分，又是最具价值的部分。因此，职业素质是素质的主体和核心，它囊括了素质的各个类型，只是侧重点不同而已。

简单地说，职业素质是劳动者对社会职业了解与适应能力的一种综合体现，其主要表现在职业兴趣、职业能力、职业个性及职业情况等方面。

影响和制约职业素质的因素很多，主要包括受教育程度、实践经验、社会环境、工作经历以及自身的一些基本情况（如身体状况等）。一般来说，劳动者能否顺利就业并取得成就，在很大程度上取决于本人的职业素质，职业素质越高的人，获得成功的机会就越多。

职业素质是人才选用的第一标准；职业素质是职场制胜、事业成功的第一法宝。

2）职业素质的特征

（1）职业性

不同的职业对从业者职业素质的要求是不同的。对建筑工人的素质要求，就不同于对护士职业的素质要求；对商业服务人员的素质要求，不同于对教师职业的素质要求。李素丽的职业素质始终是和她作为一名优秀的售票员联系在一起的，正如她自己所说："如果我能把十米车厢、三尺票台当成为人民服务的岗位，实实在在去为社会作贡献，就能在服务中融入真情，为社会增添一份美好。即便有时自己有点烦心事，只要一上车，一见到乘客，就不烦了。"

（2）稳定性

一个人的职业素质是在长期执业的过程中日积月累形成的。它一旦形成，便产生相对的稳定性。例如，一位教师，经过三年五载的教学生涯，就逐渐形成了怎样备课、怎样讲课、怎样管理课堂、怎样进行师生互动、怎样热爱自己的学生、怎样为人师表等一系列教师职业素质，于是，久而久之便保持了相对的稳定性。当然，随着他继续学习、工作和环境的影响，这种素质还可继续提高。

（3）内在性

职业从业人员在长期的职业活动中，经过自己学习、认识和亲身体验，觉得怎样做是对的，怎样做是不对的。这样，有意识地内化、积淀和升华的这一心理品质，就是职业素质的内在性。我们常说："把这件事交给小张师傅去做，有把握，请放心。"人们之所以放心他，就是因为他的内在素质好。

（4）整体性

一个从业人员的职业素质是和他整个素质有关的。我们说某人职业素质好，不仅指他的思想政治素质、职业道德素质好，而且还包括他的科学文化素质、专业技能素质好，甚至还包括身体心理素质好。一个从业人员，虽然思想道德素质好，但科学文化素质、专业技能素质差，就不能说这个人整体素质好。相反，一个从业人员科学文化素质、专业技能素质都不错，但思想道德素质比较差，同样，我们也不能说这个人整体素质好。因此，职业素质一个很重要的特点就是整体性。

（5）发展性

一个人的素质是通过教育、自身社会实践和社会影响逐步形成的，它具有相对性和稳定性。但是，随着社会发展对人们素质要求的提高，人们为了更好地适应、满足社会发展的需要，总是不断地提高自己的素质，因此，素质具有发展性。

3）职业素质的分类

职业素质一般分为：身体素质、心理素质、道德品质、文化素质、审美素质。

（1）身体素质

身体素质一般是指人体在活动中所表现出来的力量、速度、耐力、灵敏、柔韧等机能。身体素质是一个人体质强弱的外在表现。

人类社会进入新世纪的新阶段，社会的生产生活节奏越来越快，人们承受的压力越来越大，职场竞争越来越激烈，对身体素质的要求越来越高。在职业素质结构中，身体素质是基础和前提，它直接影响着其他素质的发展。我们可以把身体素质比作一，其他素质比作零，如果没有一，零再多也无实际意义。当今，职场中的不少人身体处于亚健康状态，这不得不引起高度重视。为了能适应激烈的竞争，为了能在竞争中脱颖而出，为了人生的幸福，要注意锻炼身体，提升身体素质。试想，一个整天病快快的人怎么能提高学习成绩，怎么能履行岗位职责，怎么能提高工作效率，怎么能干出一番事业呢？又怎么能感受到人生的幸福与快乐，怎么能参与激烈的竞争？

一个人身体素质的好坏与遗传有关，但与后天的营养、生活习惯和体育锻炼的关系更为密切。一个人不能选择和左右先天的遗传，但可以通过后天的努力去弥补先天的不足。通过正确的方法和适当的锻炼，可以从各个方面提高身体素质水平。

有人过量地食用肉类导致肥胖，甚至是危及生命的肥胖；有人经常喝饮料、酷爱饮料，很少喝水，结果得了尿毒症；有人经常酗酒，导致肝功能严重受损；有人经常熬夜，导致生物钟紊乱等。先天的身体素质再好，如果营养过剩或结构不良，生活习惯较差，那么很难拥有健康的体质。所以要养成好的生活习惯。

体育锻炼有益于身心健康是被实践证明了的真理。具体来说：增加心肺功能，减少心脏血管疾病的发生概率；是控制体重最有效的途径，增加身体灵活性和协调性的好方法；有助于消除精神的紧张与压力，从而有利于健康；可以陶冶情操，保持健康的心态，充分发挥个体的积极性、创造性和主动性，从而提高自信心和培育乐观的生活态度；促进人与人的沟通和交流，体育锻炼的场所也是人际交往的重要场合。

《吕氏春秋》云："流水不腐，户枢不蝼（唐朝改为蠹）。"东汉名医华佗对其弟子夏普说："人体欲得劳动，但不当使极耳。动摇则谷气得消，血脉流通，病不得生。譬如户枢，终不朽也。"都强调了运动锻炼的重要性。

（2）心理素质

心理素质是先天因素与后天因素的"合金"。简单地说，心理素质是以生理素质为基础，在实践活动中通过主体与客体的相互作用，而逐步发展和形成的心理潜能、能量、特点、品质与行为的综合。

人生漫漫，有坦途也有崎岖，有成功也有失败，有赞美也有谩骂，有鲜花也有荆棘。职场生涯也是如此。如果没有良好的心理素质（良好的心态、情感和意志品质），怎么能走出人生的低谷，迈过人生的坎坷，应对职场的不顺，冲破职场的瓶颈。心理素质是职业素质的重要组成部分。

一个人的心理素质是在先天素质的基础上，经过后天的环境与教育的影响而逐步形成的。心理素质包括人的认识能力、情绪和情感品质、意志品质、气质和性格等个性品质。心理是人的生理结构特别是大脑结构的特殊机能，是对客观现实的反映。心理素质具有人类素质的一般特点，但也有自己的特殊性。

心理素质不仅包括人们通常所说的情绪稳定、意志坚强，还包括认识过程和个性等内容。例如，在认识过程方面，有的人记忆力好，有的人记忆力差；有的人思维活跃，有的人思维迟滞；有的人想象力丰富，有的人想象力贫乏。在情绪情感方面，有的人情绪稳定，遇事沉着；有的人情绪不稳定，遇事慌张。在意志方面，有的人有自己的目的打算，有的人则盲目从众；有的人在行动中坚韧不拔，有的人则摇摆不定；有的人有良好的自制力，有的人则容易冲动。这些都表现了我们的心理素质。

正确的自我意识是提高心理素质的重要前提。可以说，认识自我是良好心理素质的体现，也是心理健康的标志。

认识自我。每个人的自我都有4个部分：即公开的自我、盲目的自我、秘密的自我和未知的自我。我们在认识自我的过程中，如果可以通过与他人分享秘密的我，通过他人的反馈减少盲目的我，我们对自己的认识就可以更全面、更客观。所以，在认识自我的过程中，对自己要持一种开放的心态，敢于在人前展示自我，敢于与他人分享内心的秘密，是我们认识自我的重要一步。

悦纳自我。在现实生活中，有很多人对自己的生理自我不认同，认为自己皮肤不够白、眼睛不够大、个子不够高、身材不够好……如果我们对自己的生理自我都不能够认同，我们又如何能有一颗认同他人的心呢？请站在镜子前，发现自己独特的优点：虽然我的皮肤不够白，但它很光滑；虽然我的眼睛不够大，但我的五官很协调；虽然我的个子不够高，但我的身体很好；虽然我的身材不够好，但是很健康……请学着接受自己，学着对自己说："我就是我，我是独一无二的我，我喜欢我。"希望我们都能无条件地接受自己的一切：好的和坏的、成功的和失败的。我们既要接纳自己的优点，也要接纳自己的缺点和不足。特别是如果那些缺点和不足是不可改变的，我们更要视其为自己的一部分。如果我天生肥胖，我就不能痛恨肥胖，要认为肥胖也有其风韵；如果我天生视力有缺陷，就要认同佩戴眼镜的方式；如果我天生内向，就要认同内向也有其优势。只有认同了自己、接纳了自己，才可能对生活充满信心和热情。

完善自我。认识自我、悦纳自我，并非对自我不够完善的地方就听之任之。认识自我、悦纳自我，是为了更好地完善自我。当我们认识到自己不够完善的地方时，就可以积极地加以改变。

（3）道德品质

道德品质也称"德性"，简称"品德"，是一定社会的道德原则和规范在个人思想和行为中的体现。道德属于上层建筑的范畴，是一种特殊的社会意识形态。它通过社会舆论、传统习俗和人们的内心信念来维系，是对人们的行为进行善恶评价的心理意识、原则规范和行为活动的总和。

道德品质主要表现在两个方面：一是道德意识，包括道德认识、道德情感、道德意志、道德信念等；二是道德行为，包括道德语言、道德行动和道德习惯等。道德意识引起并调节人们相应的道德行为；道德行为实现、巩固和深化人们相应的道德意识，两者综合构成一个人的道德品质状况。

在职场世界，关于才与德的选择，用人单位更愿意把德放在首要位置，因为有才无德是个祸害，有德有才是首选，有德无才可培养。所以，道德修炼和道德品质在职场中尤为重要。

俗话说："小胜在智，大胜在德。"很多人之所以失败，不是因为他们做事失败，而是因为他们做人失败，道德上的失败。一个人在事业上获得成功，归根结底都源于品德的高尚。高尚道德必然孕育高尚品格，也就必然带来高尚事业与高尚的命运。

著名管理大师德鲁克曾经说过这样一句话："如果领导者缺乏正直的道德，那么，无论他多么有知识、有才华、有成就，也会造成重大损失——因为他破坏了企业中最宝贵的资源——人，破坏组织的精神，破坏工作成就。"常言说"做人要直"，"做事之前先做人"，讲的都是一个道理，作为领导者，道德很重要，作为一个从业者也如此。

中国的孙武早在2 000多年前就把领军人物的道德视为衡量领导的重要条件——智、信、仁、勇、严：智者不惑，无信不立，仁者不忧，勇者不惧，严以律己。德蕾莎修女，1979年诺贝尔和平奖获得者，管理着上亿美元善款资产，而她全部的家当就只有一部电话和三套衣服。德蕾莎修女的一生"把一切都献给了穷人、病人、孤儿、孤独者、无家可归者和垂死临终者；她从12岁起，直到87岁去世，从来不为自己，而只为受苦受难的人活着"。有道德和素质的人，不论有权无权，领导还是非领导，他们的影响力是永恒的，是不可磨灭的。

（4）文化素质

文化素质是指人们在文化方面所具有的较为稳定的内在基本品质，表明人们在这些知识及与之相适应的能力行为情感等综合发展的质量、水平和个性特点。

为了能在激烈的就业竞争中脱颖而出，文化素质发挥着重大的作用，它是职业成功的重要保证和关键力量。一个人只有洞察经济发展的动向，明晰社会、市场的需要，才能树立正确的择业观，把握正确的职业发展方向。如今，面对拜金主义、个人主义、享乐主义思潮的泛滥，只有那些具备较好文化素养的人才能厘清是非，分清黑白，辨明人生方向。进入新世纪以来，科学技术发展突飞猛进，职业出现了高度分化与高度综合的趋势。职业的高度综合使得各门学科之间互相渗透，互相交叉。一些毕业生知识技能单一，文化素质缺乏，适应不了社会的发展变化，只有那些具有良好文化素质的人才有可能较快地适应这些变化，不至于处在被动的地位。随着经济的全球化，国际交往日益频繁，要求职场"国际人"在哲学、历史、艺术、文学等各个领域要具备国际交往和交流的能力。

文化素质不只是学校教给你的科学技术方面的知识，更多的是指你所接受的人文社科类的知识，包括哲学、历史、文学、社会学等方面的知识。这些知识通过你的语言或文字的表达体现出来，通过你的举手投足反映出来的综合气质或整体素质。所以有知识的人不一定有文化，不一定有思想，因为科学技术方面的知识也有很大的局限性，尤其是现在学校教育传授的技术方面的知识具有局限性和片面性。

长期以来，在高校教育中，科学教育备受青睐，人文教育受到冷落。这种教育培养出来的人只是"单面人""经济人"或"政治人"，而不是知识、能力、素质综合发展的"全面人"。因此，整合科学教育与人文教育，特别是把提高学生的人文素质（文化素质）作为高等教育改革的重要方面已成为世界高等教育发展的趋势。

文化素质教育作为一种新的教育思想和观念，它注重受教育者的全面发展，即身心、智力、敏感性、审美意识、个人责任感、精神价值等方面的发展，尤其要使大学生经过大学阶段的教育，能够形成一种独立自主、富有批判精神的思想意识，以及培养自己的判断能力，以便自己确定在人生的各种不同情况下应该做的事情。通过科学教育和人文教育的结合，文理学科的相互渗透，教育实践活动的磨炼，使学生既具改变自然世界之智能，又具"心灵自我唤醒能力"，以期在个体生命中达成"外在世界"与"内在世界"、物质生活与精神生活的和谐统一，在个体人格中达成理性与情感意志、科学与人文等方面素质的协调发展，以追求真善美为一体的人格的形成。反对教育中只注重科学知识的传授，注重智力的开发，而忽视人文精神的培养，忽视道德价值的教育的功利主义和工具主义倾向。其根本目的，从学校的角度来说，是探索教育思想、教育观念和人才培养模式改革，提高人才培养质量的突破口；从学生的角度来说，是学生拓展知识、提高品位、健全人格和学会做人的重要途径；从社会的角度来说，是培养符合时代要求并具有高度社会责任感的复合型专门人才的根本保证。

（5）审美素质

人们的审美素质，体现为人们感知美、鉴赏美、理解美、创造美的基本能力和自觉意识。在职业生涯中，审美素质的有与无、好与坏关乎一个人职业生涯发展，因为具有良好审美素质的人往往具有较强的亲和力、感染力、影响力和号召力，尤其是因审美素质的涵养而生发出来的创新思维和创新能力可以使人在激烈竞争中脱颖而出。所以，务必要重视审美素质的提升。

感知美，即对于美的事物与样态的认知及其反应的敏锐与准确，以及对于美与丑、善与恶的基本辨识与感知的能力。具有良好审美素质的人们，应当对于美的物象产生积极和浓郁的兴趣，逐渐造就自身敏锐的反应与感知的能力，对于美的艺术与现象产生自然的喜爱之情，而对丑陋的现象与事物则予以下意识的憎恶与排斥。

鉴赏美，即对于文学艺术或美的事物的审美鉴赏能力，是在感知美的基础上，对于艺术现象或作品的审美层次以及美的元素做到准确鉴别与欣赏。具有较高鉴赏能力的人们，能够科学地区分艺术现象或作品的审美层次，感悟艺术作品中蕴含的美的元素，进而辨别其艺术品位、艺术格调与艺术价值的高下。

理解美，即对于文学艺术与美的作品的审美判断与评价的能力，能够对于艺术作品与审美物象予以深度的理解，把握其内在的实质和丰富内涵，同时能够激发美的情感，在审美意识与审美情感相互交融的基础上，使自身能够进入审美的境界与氛围，实现对于美的形象、意象或意境的理解和把握，获得美的熏陶及领悟。

创造美，即在以上诸多能力的基础上，实现对于美的形象或意象的创新能力。人们在审美或文学艺术活动中，不仅在于理解和辨析美，同时可以生成创造美的欲望和意识。更多的人们将在审美活动中不断增进其创造美的意象、形象的素养和能力，进而可以将这一创造美的意识和能力积淀为自身的基本素质，转化为在社会各种活动中的创新与创造。

人的审美素质属于人的本体素质，这一素质的高低，意味着人的精神层次的差异和人的生活品位的高低。以审美素质为基础，还指向人们精神生活的各方面，诸如人们认识社会、自然和人际关系的基本态度和能力，以及认识自我、自我设计与不断创新的能力。

审美素质的提高，将有助于人与自然关系的改善，人与社会的和谐，人与人的关系的全面改观，促使人的生活质量及其精神素质的全面提升。特别是人的创造能力的提升，意味着人们能够将这一基本素质和能力拓展于改造社会与自然的进程，推进社会整体创造能力的提高，实现人们对于世界更为自由与自觉的把握。

4.2.2　任务实施

1）了解和掌握职场对就业者的素质要求

通过教师授课、学生上网查阅、社会调研,学生要了解未来职场对就业者素质的要求。

2）强化提高职业素质的意识，掌握职业素质提升的方法和途径

通过教师授课、学生上网查阅、社会调研,学生要增强提高职业素质的紧迫感,掌握职业素质提升的方法和途径。

4.2.3　任务考核

（1）写一篇不少于3 000字的未来职场对职业素质要求的文章。
（2）从5个方面对自我进行分析并制订自我职业素质提高的规划。

项目 5
收集求职信息

【任务描述】

在当前的信息社会，信息就是生产力，如果在信息获取方面滞后，就会在求职的起跑线上落后于人。学会收集求职信息，在海量的信息中，把握适合自己的职位信息，好比是选择对了正确的航向，是迈向求职成功最重要的一步。

【任务分析】

在老师的指导下通过活动训练熟悉不同的信息收集渠道，学会通过不同的信息收集渠道获取自己所需的求职信息，学会制作求职简历并识记投递简历的技巧。

【环境准备】

1.每个学生配备教材一本。

2.配备多媒体教室一间。

5.1 了解收集信息的渠道

5.1.1 基础知识

求职要善于利用各种渠道、通过各种途径收集信息，一般来说，这些渠道和途径主要有：

1）通过学校就业主管部门获得信息

学校的就业主管部门，即毕业生就业办公室或毕业生就业指导中心，在长期工作交往中与各部委、省市的毕业生就业主管部门和用人单位有着密切的联系，汇集了大量的社会需求信息。每到毕业季，学校就业主管部门都会及时发布招聘信息，进行就业指导，接受学生咨询。因此，通过学校就业主管部门获取就业信息不仅针对性强，而且可靠性高，成功率大。

2）通过各级毕业生就业指导机构获得信息

在教育部成立了全国高校毕业生就业指导中心之后，各地也跟进建立了毕业生就业指导机构。毕业生就业指导机构的主要任务是与用人单位和毕业生交流信息，提供咨询服务。因此，该渠道不可小觑。

3）通过社会各级人才市场获得信息

经济建设的发展催生了人才市场中介机构，在社会各级人才市场中，毕业生不仅可以了解到许多各类不同的机构和职位，而且还可以获得锻炼面试技能、增强面试自信的机会。

4）通过新闻媒体获得信息

每年毕业季，报刊杂志上都会从不同侧面和角度反映当年大学生就业的需求情况，同时登出关于毕业生求职的指导信息。比如《大学生就业》，每期除了刊登大量的招聘信息外，还设有"政策咨询""择业指导"专栏，为大学生就业提供指导。

5）通过社会关系网获得信息

（1）家长亲友

家长亲友对毕业生的就业问题关心迫切，且由于他们来自社会的各个方向，与社会有众多联系，可以从不同渠道带来各种用人单位的需求信息。他们提供信息的可靠性较大，一旦被毕业生接受，转变为就业岗位的可能性也较大。当然，由于家长亲友提供的职业信息主要源于个人的社会关系，局限性较大，不太适合专业较为特殊、职业定位较明确或是较有竞争优势的毕业生。

（2）学校教师

本专业教师对于毕业生适合的就业方向和范围更为了解，在开展校企合作的活动中，对于对口单位的人才需求了解得比较及时、详细。毕业生可以通过咨询专业教师，获得有关这些企业的用人信息，以充实自己的信息库，甚至可以请学校教师作为自己的推荐人。

（3）自己校友

校友由于对本专业职业信息的获取、比较、选择、处理有着亲身体会，尤其是对本专业毕业生在人才市场上的供求状况及在具体行业中的实际工作、发展状况较为了解，因此，其提供的职业信息会更具有参考价值和利用价值。

活动训练

请为自己绘制一张求职关系网络图。

我的求职关系网络图	
1. 我的求职贵人	
2. 我的联系方法	
3. 我能获取信息	

6）通过社会实践获得信息

在社会实践过程中，通过个人努力赢得用人单位的信任，谋得求职机会的大学生不乏其人。因此，在社会实践中，在提高自己实操能力的同时，要做收集职业信息的有心人。毕业实习更要如此，因为实习单位较为对口，通过实习可以直接掌握就业信息，甚至可以在实习过程中与用人单位达成就业协议。

7）通过各种类型的"人才交流会""供需见面会"获得信息

"人才交流会""供需见面会"有的是学校主办，有的是当地毕业生就业主管部门组织，因为是供需双方之间见面，不仅可以掌握许多用人信息，而且可以当场面试，签订协议，较为简捷有效。

8）通过计算机网络获得信息

网络人才交流，通过先进的科技手段，将招聘信息和求职信息上网公开，用人单位和求职者可以通过网络相互选择、直接交流，其信息容量之大是其他人才交流方式都无法比拟的。因此，通过网络求职成为众多求职者的常用方式。毕业生可以密切关注应届生就业网、智联招聘网等来获取求职信息。

5.1.2　活动训练

请通过以下网站获取你所学专业的求职信息并熟悉各网页的亮点。

1）应届生求职网

应届生求职网（https://www.yingjiesheng.com/）是中国第一的专门面向大学生及在校生的求职招聘网站（图5.1）。这个网站不仅提供全面的求职信息，而且提供了大量的求职指导资料，尤其是行业电子杂志值得一看。

图5.1　应届生求职网
（图片来源：应届生求职网—https://www.yingjiesheng.com/）

2）易贤网

易贤网（https://www.ynpxrz.com/）秉承"一切以考友为中心"的发展理念，致力于为考生提供及时、全面、专业、贴心的考试信息服务，发展至今现已成为备受瞩目的以考试为主题的专业网站（图5.2）。

图5.2 易贤网
（图片来源：易贤网—https://www.ynpxrz.com/）

3）智联招聘网

成立于1997年的智联招聘网是国内最早、最专业的人力资源服务网站之一。智联招聘网（https://www.zhaopin.com）面向大型公司和快速发展的中小企业，提供一站式专业人力资源服务（图5.3），包括网络招聘、报纸招聘、校园招聘、猎头服务、招聘外包、企业培训以及人才测评。

图5.3　智联招聘网
（图片来源：智联招聘网—https://www.zhaopin.com）

5.1.3　课后练习

请填写你的专业与工作兴趣，然后根据你填写的关键词在以下求职网页查询适合你的工作岗位并进行岗位分析。

05 项目5
收集求职信息

我的岗位分析				
		应届生就业网	易贤网	智联招聘网
一、我能做的工作				
我的专业		1. 2. 3.	1. 2. 3.	1. 2. 3.
二、我想做的工作				
我的兴趣		1. 2. 3.	1. 2. 3.	1. 2. 3.
三、适合我的工作				
1. 我能做的和我想做的工作岗位		2. 该岗位需要的条件		
3. 我具备的条件		4. 适合我的岗位		

5.2　了解投递简历的窍门

5.2.1　基础知识

1）邮件投递简历的注意事项

（1）投递要求

查看招聘信息中对简历的投递方式，明确是采用正文发送简历还是附件发送简历。如果招聘信息中未注明是投递方式，则查看接收简历的邮箱类型。若是公司系统邮箱，采用正文发送简历；若是163、Gmail公共邮箱，则采用附件发送简历。采用附件发送简历时，请注意以下事项。

首先，发送简历的同时要在正文中附求职信，说明应聘的职位名称、个人情况、胜任理由，将自己的最大优势呈现出来；其次，附件的名称切勿用"我的简历""简历"等字眼，而应以"应聘的职位+自己的姓名"的方式命名，以便人事负责人下载保存，方便查阅；再次，建议使用Office的Word制作简历，在用Word制作简历并保存时，也同时要注意保存的Office Word版本格式，不宜将简历压缩；最后，发送附件时要注意附件文件不要过于庞大，除非招聘信息要求，否则无须发送证书等附件。

（2）发送邮箱

首先，在给用人单位发送简历时，要用自己的私人公共邮箱；其次，选择稳定性、可靠性高的邮箱，如Gmail、Yahoo等；最后，邮箱ID的设置要专业成熟，一般可采用英文名+中文姓氏、中文拼音+数字等，切忌使用superman、littlegirl等极不专业的名称。

（3）邮件标题

关于邮件的标题，首先，要注意招聘信息中是否明确了命名格式，如果有所声明，请严格按照声明格式来书写，前面不要只写"应聘""求职""简历"等不具有识别度的字样；其次，除非招聘信息要求用英文，否则标题要用中文写。因为用英文做标题，很可能就被当成垃圾邮件删除。

一般而言，标准的标题命名方式是：申请岗位+姓名+工作地点。当然，根据个人实际情况可稍作添加，如果工作经验丰富，可以命名为：申请岗位+姓名+×年工作经验；如果是名牌大学，可命名为：申请岗位+姓名+××大学。

（4）申请职位

应聘职位的名称一定要严格按照招聘信息书写，切忌随意发挥。在实践中，有毕业生将"渠道部总经理助理"写成"总经理助理"；将"副总裁秘书"写成"总裁秘书"，这样的简历人事负责人看到有可能就搁置一边了。同理，在简历里只写了"市场相关职位"等，这样的简历也会被搁置，因为公司没有时间从众多的求职者中考虑你适合哪个职位。

（5）投递语言

如果招聘信息明确注明了接收简历的语言，就应严格按照要求来选择投递简历的语言；如果招聘信息中未注明简历语言，那么在简历正文中附中文的求职信，随后附英文求职信；如果是附件投递简历，则将中英文简历合并为一个文档，第一页为中文简历，第二页为英文简历。

2）网申注意事项

（1）网申前，要心中有数

在网申前，可以到应届生就业网等论坛翻看各大公司网申的秘籍以及招聘流程，同时需要通过公司网站对应聘公司作透彻了解，对于企业文化、核心业务、公司发展等情况的了解，有助于答题契合企业要求。而网站的风格、用词、职位描述等也能提供一些关于应聘职位要求的基本素质、对方惯用的专业语言等线索。

（2）网申时，要注重细节

首先，要注意网申时间，建议挑选人员相对不密集的时间，如午饭、凌晨时间。其次，要注意拼写、语法等问题。很多大公司都非常注重专业精神，如出现拼写语法等错误，会显得很不专业。最后，记得及时保存。填写完一页就及时保存所填写的内容，在填写比较大篇幅问题时，尽量在Word环境下填写，然后将其粘贴到网页。很多公司网申的开放问题都大同小异，因此记得搜集每次"网申"的题目和自己写的答案，以方便今后快速答题。

5.2.2　课后练习

请根据你在任务5.1课后作业中搜索的就业信息完成一次网申和通过邮件投递简历。

我的简历投递记录

投递时间	投递方式	招聘单位是否反馈	反　思

项目 6
准备求职材料

【任务描述】

求职材料是大学生求职的"敲门砖"，是用人单位了解求职者的重要途径。一份优秀的求职材料能使求职者事半功倍。准备求职材料是每个求职者应该学会的基本功。

【任务分析】

在老师的指导下通过活动训练学习并逐步熟练掌握制作求职简历的具体要求，学会撰写求职信。

【环境准备】

1.每个学生配备教材一本。

2.配备多媒体教室一间。

6.1 制作求职简历

6.1.1 简历基础知识

对于即将毕业的大学生来说，一份完整的简历至少应包括以下内容。

（1）个人情况

个人基本情况主要包括姓名、性别、民族、出生年月、户口/籍贯、政治面貌、身高体重等。个人基本情况不一定要写全，应根据具体情况进行选择。

（2）求职意向

求职意向主要是表明自己对哪些岗位、哪些行业感兴趣及是否具备相关要求，是个人的一个自我认可和自我定位，也是用人单位考虑录用与否的依据之一。

（3）教育背景

教育背景包括以下几个内容。

①学历。要简洁明了，注明是研究生、本科生还是专科生。

②学校。要写全称，例如避免将"中国人民大学"缩写成"人大"。

③毕业时间。要写全年、月、日。

④课程成绩。只需写与应聘职业相关的课程。

（4）工作经验

许多用人单位非常看重工作经验，因此，上学期间的相关工作经历、实习经历、兼职经历、社会实践经历一定要注明。在说明工作经历时，需要注明工作或实习的单位名称、地址、时间、岗位职责、所获成绩、单位评语等。

（5）获奖情况

在大学里，如果获得奖学金可以注明，因为可以彰显理论知识扎实、专业素养较强。同时，还可以注明自己参加过的比赛，比如演讲比赛、唱歌比赛、篮球比赛、辩论赛等，以及在比赛中所获的成绩。

（6）社会工作

社会工作主要是指在学校担任学生干部或者参加社会实践中的公益活动。如果担任过学生干部，应注明职务和工作职责，并写明在任职期间组织过的重要活动、取得的重大成绩以及所获得的能力提升。如果在校期间没担任过学生干部，可以注明参加过的与岗位匹配的社会活动。

（7）重要技能和资历证书

如果通过了四、六级考试，请务必在简历上向用人单位作出说明，如果还有其他的外语水平资质证书或是如果参加过托福、GRE等考试也不妨写上。如果通过了国家级或是省级计算机考试，或是通过了相关认证得了计算机技能证书，也请注明。

（8）特长

"特长"是自己擅长的，而"爱好"仅仅表示自己喜欢。如果没有"特长"只有"爱好"，那么这一项就不必填写；如果确实有过人之处，则可以单独说明，会有意想不到的效果。

（9）联系方式

简历中留下的联系方式要全面、完整和准确，而且要放在简历中的显眼位置。其中，手机号码和E-mail是最重要的，应尽量突出。

6.1.2 活动训练

请仔细揣摩以下简历模板，并根据自己的实际情况填写以下简历。

×××个人简历

姓　　名：×××　　　性别：女　　　政治面貌：中共党员
籍　　贯：云南昆明　　民族：汉　　　出生年月：1992-06
邮　　箱：　　　　　　　　　　　　　电　　话：
专　　业：法学　　　　　　　　　　　学历学位：
求职意向
×××
教育经历
2009.09—2013.07　　　×××大学　　　　法学专业
2013.09—2016.07　　　×××大学　　　　民法专业
个人能力
★ 2015年以高分通过国家司法考试并获《法律从业资格证A证》
★ 通过英语六级考试，口语较为流利

★ 通过计算机二级考试，熟练掌握Office办公软件

实习经历

2015.10—2015.11　××人民检察院　检察官助理

2015.09—2015.03　××律师事务所　律师助理

课程成绩

★ 本科期间连续4年获专业奖学金一等奖

★ 研究生期间连续3年获专业奖学金一等奖

获奖情况

★ 在2015年××省经济法年会提交论文中,《×××××》论文荣获一等奖并作大会主题发言

★ 本科毕业论文和研究生论文获"优秀毕业论文"奖

担任职务

★ 2012—2016年　院报记者兼编辑

★ 2009—2013年　校学生会宣传部部长

个人优势

★ 已通过司法考试，具备扎实的专业知识

★ 科研能力较强，擅长做实证研究

★ 有法院、检察院、律师事务所的实习经验

★ 文字表达能力较强，在院报发表文章10余篇

×××个人简历

基本资料					
姓　名		性　别			
年　龄		身　高			
现居住地					
毕业学校					
计算机技能					
技　能					
个人经历					
学习经历					
奖励情况					
实践与实习					
社团活动					
个人爱好					
个人简介					

6.2 撰写求职信

6.2.1 基础知识

1）自荐信的内容

（1）求职动机

正文需简单说明求职动机，可从待遇较好、专业对口等现实需求入手；也可从提高自我、实现自我、服务他人、实现价值等成就动机考虑。同时，需要说明应聘岗位的信息来源。

（2）推销自己

推销自己即在求职信中具体介绍自己的学历、资历、专长等。应届毕业生因缺乏工作经历，可着重写在校的表现及所取得的重要成果，如"在校四年期间勤奋刻苦，连续四年获专业奖学金一等奖"；例如，"在校期间，担任学生会主席和班级团支书，期间策划、组织、参与了各类大型的校园活动或是班级活动"；比如，"在校期间，已取得会计证、导游证等"。介绍专长时可选择与岗位匹配的一两项点到为止，如写作、演讲等。

（3）表明态度

简单阐述你对用人单位的认识，以拉近与用人单位的距离。对用人单位的认识及其发展前景、企业文化等，以说明你对用人单位的重视，强调自己在此单位一定能发挥所长。

（4）详备资料

自荐信的文末附上自己的所有证明资料，包括个人简历、毕业证书及有关获奖证书的复印件并注明份数。

2）自荐信的格式

求职信的格式主要有称谓、正文、结尾、署名、成文日期、附件几个部分。

（1）称谓

称谓写在第一行，顶格写受信者单位名称或个人姓名；称谓后写冒号。

（2）正文

正文另起一行，空两格开始写求职信的内容。

（3）结尾

另起一行，空两格，写表示敬祝的话。如此致，然后转行顶格写"敬礼"，或祝"工作顺利"。

（4）署名和日期

写信人的姓名和成文日期写在信的右下方。姓名写在上面，成文日期写在姓名下面。

（5）附件

附件是证明自己能力的有效凭证，可在信的结尾处注明。如附件1：个人简历；附件2：毕业证书；附件3：获奖证书。

6.2.2 活动训练

请仔细揣摩以下自荐信模板，并根据自己的实际情况撰写一份自荐信。

自荐信

尊敬的老师：

您好！衷心感谢您在百忙之中翻阅我的这份材料。

我叫×××，是云南旅游职业学院的毕业生。渴望成为×××一直以来都是我梦寐以求的，当我在应届生网上看到贵公司的招聘信息时，我欣喜万分，特寄上自荐信和简历敬请斟酌。

3年的大学学习，我系统地学习了基础知识和实践操作知识，连续3年荣获专业奖学金一等奖，于我来说既是肯定也是鞭策。在认真学习好专业课的同时，我努力培养自身综合素质和提高综合能力，充分利用课余时间拓宽知识视野，完善知识结构。我相信，勤奋的学习态度、扎实的理论基础、熟练的实操能力、刻苦的钻研态度会使我在今后的工作中做到最好。

在学习之余，我积极参加各种活动来提高自己的综合素质。"省级三好生"的荣誉称号、全国英语演讲比赛二等奖和省级创业大赛的三等奖，这些取得的好成绩给了我源源不断的自信支持；而在校学生会担任宣传部部长期间，我策划、组织、参与了各类大型校园活动，3年的工作经历不仅让我获得了"优秀干部"的荣誉称号，更让我的沟通能力、协调能力和合作能力有了很大的提升。

我相信，我的知识储备、工作经验、性格特质等非常符合"×××"的岗位要求，我也相信我能胜任这一职业。我渴望在更广阔的天地里展露自己的才能，期望在实践中得到锻炼和提高，因此，我由衷地期待能为贵公司服务。我会踏踏实实做好每一项工作，竭尽全力为公司贡献自己的绵薄之力。

感谢您的阅读，忠心期待您的回复。同时祝您工作愉快！

此致

敬礼！

×××

××××年××月××日

项目 ⑦

熟悉面试礼仪

【任务描述】

第一印象对于求职者来说实在是太重要了，只有对求职面试过程中所需要的各种礼仪知识的熟练掌握和运用，才能在面试时给用人单位留下最好的印象。

【任务分析】

在老师的指导下，通过活动训练熟练识记面试中的着装礼仪、仪态礼仪并学会根据自己的特点选择合适着装和展示良好的仪态。

【环境准备】

1.每个学生配备教材一本。

2.配备多媒体教室一间。

7.1　了解着装礼仪

7.1.1　男士着装

（1）西装

面试对于男生而言，常规装束是西服套装、系领带、穿黑色皮鞋。西服的颜色可以选择藏青色或深蓝色，因为这是最基础的正装颜色。对于西装款式，可以选择单排扣西服。一般而言，西装纽扣有三颗或两颗，按照国际惯例，最下面的纽扣不扣。三颗纽扣的西装，可只系第一颗或系上面两颗。落座后如果觉得上衣堆砌，可以随手再解开一颗纽扣。穿着时西装袖口的商标一定要剪掉。长裤要事先熨烫笔挺，长度以直立状态下裤脚遮盖住鞋跟的3/4为佳。

（2）衬衣

衬衣款式应为长袖，圆领衫、短袖衬衫均不适合正式场合。选衬衫时，可平举双手，衬衫领边和袖口露出西装外套1.5厘米为宜。衬衫颜色以白色或者淡蓝色为主，白色可以搭配不同的外套和领带，而淡蓝色则可凸显优雅气质。同时，要注意衬衫领子应挺括、干净。衬衫领开口、皮带扣和裤子前开口外侧均应在一条线上。

（3）领带

深色套装、浅色衬衫，可以搭配颜色较深的领带，最好是与西服同色系。搭配黑色西服、白色衬衫，灰、蓝领带为佳；搭配蓝色西服白色衬衫，以蓝、胭脂红领带为佳，图案不宜过大。领带材质可选纯真丝领带，既能给人优雅的感觉，也易于打领结。系好的领带不宜超过裤腰带。

（4）鞋子和袜子

皮鞋最好选择黑色或棕色的，要做到皮鞋黑而不脏、亮而不新。方头系带的皮鞋几乎广为接受，材质忌漆皮。袜子与西装、腰带、皮鞋同色，以黑色和深蓝色为最佳，袜子不宜过短，长度应超过脚踝。

（5）皮带

皮带颜色应与皮鞋颜色协调。蓝色、黑色或灰色西装最好搭配黑皮带，棕色、棕褐色西装最好搭配棕色的皮带。皮带扣花纹应简洁大方，不宜过于抢眼。皮带款式以滑扣皮带最为正式。

7.1.2　女士着装

（1）套装

女士求职服装一般以西装、套裙为宜。西装不宜太紧、太露，衬衣和上衣领口不宜过低，领口稍低或者V字领可搭配一条与衣服颜色协调的丝巾。套裙的裙长很讲究，年龄稍大的面试者可以穿过膝裙子，较年轻的面试者可穿齐膝裙子。上衣：女性上衣可以穿衬衣或纯色职业上衣都可。衣服颜色可选择范围较广，颜色鲜艳的会使人显得活泼、有朝气；而素色稳重的套装则会使人显得干练、大方，黑色会显得正式、庄重。

（2）鞋子和袜子

鞋子款式要以简单大方包住脚趾的基本款为主，切忌穿漏趾鞋和休闲鞋，鞋头不宜过尖，以圆头鞋子为宜。颜色要与西装或套裙的颜色一致。鞋跟最好为不宜超过7厘米的粗跟，裤子的长度要盖住鞋面。袜子以丝袜为主，颜色为肉色。面试前最好预备一双丝袜，以防脱丝可以及时更换。

（3）化妆

①眉毛：修理后可通过眉笔或者眉粉来适当修饰不足，皮肤白皙的女士适宜棕色眉笔，皮肤偏暗或者偏黄的可选择黑色或者深棕色。

②眼睛：为使眼睛有神，可以画眼线，眼线拉伸不宜过长，同时可用适当的眼影来修饰，涂睫毛膏时应少量适中。如果经常佩戴眼镜而双眼无神，可在条件允许的情况下选择佩戴隐形眼镜。

③鼻子：可将浅色粉底液或高光粉涂抹于鼻梁处，以增加鼻子的高度，鼻毛长的要及时修剪。

④嘴唇：可以适当浅浅勾勒唇线，嘴唇颜色最好使用浅色系唇膏。如果使用口红，最好选择与肤色接近的口红。

（4）头发

不宜烫发、染发、披头散发。简单的马尾或者干练的短发可以凸显气质。马尾不宜过低，刘海不宜盖住眉毛，不宜用过多发卡，发卡款式、质地、颜色要与整体配搭。

着装礼仪注意事项如图7.1所示。

着 装礼仪需注意

男生

不烫发、不卷发。如果戴有眼镜，应擦干净眼镜片，剃去胡须。

领带：深色套装、浅色衬衫，通常的搭配是颜色较深的领带，最好与套装同色系。

衬衫：白色系和蓝色系。白色是不变的时尚，蓝色与众不同又不会显得不正规的只有浅蓝色。夏季多建议男性穿白色短袖衬衫搭配、黑西裤。衬衫的下摆不可过长，而且下摆要塞进裤子里。

袖口：衣袖一定不能太长，平端起来露出1.5厘米腕骨最合适，平端时露出外套1~2厘米。

西服：男生的常规装束是西服套装，西服的颜色只有两种选择：藏青色或深蓝色。

袜子：一般为褐色、深蓝色或藏青色。切忌穿白色袜子。

女生

头发：短发梳好，长发最好扎起来，最常见的就是扎马尾，也可以简单地绑起一部分来。会盘发的话把长发盘起来。额头的头发尽量不要遮住眼睛。

套装：深蓝色、藏青色、米色、驼色都可以选择，颜色上不特别剌目即可。款式的选择也很自由。不一定要清一色的职业套装。身上的主色是前面所说的4类中的一种，总体颜色不超过3种。

夏季时推荐套裙配普通黑色皮鞋或白色短袖衬衫搭西裤和普通黑皮鞋，而冬季推荐套裙或者女士正装配上普通黑皮鞋为最佳选择。

图7.1　着装礼仪注意事项
（图片来源：QH.OFFCN.COM）

7.1.3　活动训练

6人为一组，每组选出一名同学当小组代表，根据限定的求职岗位为其设计得体大方的面试着装，并于下次上课时在课堂上展示并作自我介绍，教师做点评。

着装礼仪评分标准

序号	项　目	评分标准	配　分
1	服装化妆	着装大方得体、搭配精致、气质高雅的化妆和端庄的发型搭配。	2分
2	礼仪举止	礼仪动作标准、动作规范得体。	2分
3	神情风度	眼神认真专注、微笑真诚、随和自然、自信有内涵。	2分
4	自我介绍	自然流畅，具有个性化。	4分

7.2 学习仪态礼仪

7.2.1 基础知识

面试中的各种礼仪细节往往会决定面试的成败，因此，在面试中要注意以下事项。

（1）站姿

站立时，双手自然下垂，切忌双手叉腰或交握于后背。一般而言，规范的站姿应是脊椎、后背挺直，抬头挺胸；两肩放松，双腿绷直，重心支撑于脚掌足弓；挺胸收腹，争取给人留下精神饱满的良好印象。

（2）行姿

行姿的基本要求是做到三条直线：一是上身要直，背部、腰部、膝盖避免弯曲；二是目光要直，要求做到目不斜视，头部端正，切忌摇头晃脑、瞻前顾后；三是方向要直，行进时，脚尖向前，不要外八字或内八字，步速适中、均匀，行走轨迹应是直线。总之，男士要矫健豪迈，女士要轻灵含蓄。

（3）鞠躬

进场之后，先向面试考官问好，然后鞠躬。鞠躬时面对考官，脚跟靠拢，双脚尖处微微分开。双手可自然下垂放与身体两侧，鞠躬角度以对方能看到自己头顶为宜。问好时目光要兼顾所有考官。为缓解紧张情绪，需要在平时生活中多多练习眼神交流。

（4）坐姿

坐姿的基本要领是：入座时从左侧走向自己的座位，转身后右腿后撤半步，轻稳坐下，女士双腿并拢无间隙，男士双腿之间可有一拳的距离，但不要超过肩宽；双手自然放于桌上。不论是落座还是放东西、调整姿势，都不要着急，切忌发出太大的声音。面试时，为避免身体松懈，落座时坐满椅子的2/3即可。

（5）入场与退场

入场前，无论门是否敞开，都应敲门。轻敲三下，征得允许方得进入。敲门节奏切忌太快太慢，声音应大小适中，以让考官清楚听到即可。征得允许后，进入面试场所，转身把门轻轻关上。面试完毕后，向面试考官道谢，从容大方离场。

（6）手势

手势要自然、恰当。不宜过于频繁，幅度不宜过大。切忌用手指指点点，避免出现抓裙子或裤子，摆弄头发和胡子，摸脸、掩口等小动作。

（7）声音

要做到抑扬顿挫。音调适中，不可过高或过低；声音浑厚，但不混浊；有节奏感，不单调。语速要适中。在平时训练中，可以挑选一段自己喜欢的5分钟音频，多听多练以调整自己的语音语调。

7.2.2 情景模拟

6人为一组，每组选出一名同学当求职者，其余当考官，进行面试进场模拟，教师做点评。

项目 **8**
掌握面试技巧

【任务描述】

良好的面试技巧将会给求职者的面试加分不少，甚至决定面试的最终结果。只有熟悉不同的面试方式，了解面试中不同问题的回答技巧并不断训练才能有效提高自己的面试技巧。

【任务分析】

在老师的指导下通过各种训练熟练识记、区分各种不同的面试方式，熟悉常见的面试问题及回答技巧。

【环境准备】

1.每个学生配备教材一本。
2.配备多媒体教室一间。

8.1　了解常见的面试方式

8.1.1　基础知识

用人单位选择面试方法时遵循两个原则：一是针对性原则，二是适用性原则。一般而言，常见的面试方式主要有以下几种。

1）面谈法

面谈法就是考官通过与考生交谈的方式来评价考生的素质，是面试中应用最广的一种方法。根据面谈话题、程序的规范化程度，面谈法可分为自由化面谈、结构化面谈和半结构化面谈。

（1）自由化面谈

自由化面谈，是指考官随兴所至提问，不遵循提问套路，双方话题可以多种多样。通常面谈的起头差不多，但深入交谈，谈话内容与程序就无常规了，考官和考生可以凭兴趣往下聊。此种面试方式，考官的目的在于了解考生，而考生的目的在于推销自己。

（2）结构化面谈

结构化面谈，是指按照预先确定的内容、程序、分值结构进行面谈式面试。其对面试的目标、测评项目、试题构成、测评标准、时间控制、实施程序等都有着严格规定。结构化面试，一般由多名考官组成考官小组，按照规定程序，对应聘同一职位的考生使用相同考题提问，按照相同原则进行追问。

【真题列举】

例如，2015年云南省昆明市公务员面试试题为：

1.现在朋友圈有很多人做微商卖东西，比如卖奶粉、面膜之类的，有的人说朋友圈相比传统的销售渠道道德约束力更强，也有人说微信朋友圈卖东西会影响朋友关系，你怎么看？

2.如果你在微信朋友圈里买到了朋友推荐给你的假货，你会怎么办？

3.假如你是青年报的一名记者或工作人员，报社领导安排你要针对微商做一个主题调研，你要怎么做？

4.你在微信朋友圈里卖东西，但是有的朋友屏蔽了你的微信圈子，有的朋友因为你卖的东西有质量问题对你还颇有微词，出现这种情况，你会怎么办？

（3）半结构化面谈

半结构化面谈，规范化程度介于自由化面谈与结构化面谈之间，既有确定的试题和程序，又可以不完全遵守。半结构化面谈其实是简化的结构化面谈、严格化的自由化面谈。

2）无领导小组面试

无领导小组面试是近几年在公务员面试、银行面试中陆续采用的一种面试方法。它通过给定一定数目的应试者（一般5~7人为一组）一个与工作相关的问题，让应试者进行一定时间（一般是1个小时）的讨论，评价者通过观察每个应试者的表现，来评价应试者的组织协调能力、口头表达能力、辩论能力、处理人际关系的能力。

【真题列举】

（一）题目

一架私人飞机坠落在荒岛上,只有6人存活,这时逃生工具只有一个能容纳一人的橡皮气球吊篮,没有水和食物。这6个人分别是：

1.孕妇：怀胎8个月。

2.发明家：正在研究新能源（可再生、无污染）汽车。

3.医学家：今年研究艾滋病的治疗方案，已取得突破性进展。

4.宇航员：即将远征火星，寻找适合人类居住的新星球。

5.生态学家：负责热带雨林抢救工作。

6.流浪汉。

那么，应当让谁乘坐气球离岛呢？

（二）问题与要求

1.请考生认真读题，并准备发言提纲，时间为2分钟。

2.依照抽签顺序，小组每位考生依次发言表明观点并陈述理由，时间为3分钟。

3.考生进入自由讨论，并须达成一致意见，时间为30分钟。

4.小组推举一位代表进行总结陈词，时间为3分钟。

3）情景模拟测验

情景模拟测验主要是给应试者设置一定的模拟情况，让应试者扮演某一角色去处理各种事物及问题。评价者通过对应试者在情景中所表现出来的行为进行观察和记录，以测评应试者的实际工作能力，判断其是否能胜任工作。

【真题列举】

领导将一项重要任务交给你和小李一起处理，但是事后领导只表扬了你，没有表扬小李，因为他工作做得不细致，小李很不服气。现在领导又将一项工作交给你和小李，小李不配合。你如何说服小李和你一起完成工作？请现场模拟一下。

8.1.2 情景模拟

将全班同学分为3个小组，每小组分成考官组和考生组两组，教师根据学生专业为每一小组设计面试题目来模拟常见的3种面试方式，模拟完后学生间相互点评，教师最后做点评。

8.2 准备常见的面试问题

8.2.1 面试程序

一般来说，面试分为以下4个阶段。

（1）准备阶段

准备阶段主要是以一般性的社交话题进行交谈，例如，主考官会问类似"从学校到公司远吗"这样的问题，以使应聘者自然进入面试情景，消除紧张心理。在此阶段，应试者无须对所有问题进行详细的解答。

（2）引入阶段

社交性的话题结束后，待情绪稳定下来，主考官一般会围绕应试者的履历情况提出问题，例如，"请作一个简单的自我介绍""在大学期间所学的主要课程有哪些"等问题。在回答此类问题时，应胸有成竹、自信应答。

（3）正题阶段

进入面谈的实质性正题，主考会从广泛的话题来了解应聘人员的工作能力、综合素质、性格特质等。在此阶段，提问的范围较广，并无统一套路，主考为了获取应聘者的评价信息，提问的方式各有不同。

（4）结束阶段

在问完所有问题后，主考会问"请问你有什么问题吗？"此时应试者可以提一些自己想问的问题，例如，如果被公司录用是否会安排相关培训等。

8.2.2　面试中的常见问题

1）自我介绍

（1）自我介绍的注意事项

自我介绍是面试实战中的关键一步，2~3分钟的自我介绍会在很大程度上决定应试者在考官心中的形象。因此，要注意把握以下几个要点。

①突出个人优势。结合岗位职责，提炼自身优势，最好以事实、数据来证明自己能胜任这一岗位。例如，应聘教师，可从以下几个方面来提炼。

• 专业知识比较扎实：本科期间系统学习了专业知识，连续四年获专业奖学金，2015年荣获国家奖学金。

• 具有两年的教学经验：在××××学校担任兼职教师期间，积累了丰富的教学经验；形成了具有特色的教学风格，熟悉青少年的心理特点，能够做学生的良师益友。

• 具有较强的科研能力：在校期间发表论文××篇；积极申请×级课题并撰写科研成果，荣获"科研标兵"荣誉称号。

• 有丰富的学生会工作经验：在担任院学生会主席期间，多次策划、组织、协调了院级的××活动，协助辅导员开展了各类活动，荣获"优秀学生干部荣誉称号"。

②内容要真实可信。为使个人形象鲜明，并且增加内容的可信度，可适当引用他人的评价，如老师、朋友等的评论来支持自己的描述。例如，在父母眼里，我向来是一个懂事的孩子。在学校学习刻苦、成绩优异，在家里孝顺父母，经常帮忙做家务，从来都不用父母操心。

③注意逻辑层次。自我介绍时，应层次分明、重点突出，使自己的优势很自然地逐步显露。

（2）自我介绍的答题思路

①专业知识。专业知识上的优势有两种：一是学习成绩优异；二是实操能力较强。对于应届生，如果学习成绩优异，可在自我介绍中提及自己的在校成绩，以优异的在校成绩来证明自己专业知识扎实。如果学习成绩一般，则在介绍时要注意突出自己比较注重专业知识的实际运用，要强调自己热爱本专业的知识。对于非应届生，可以强调毕业后自己从事的是与本专业相关的职业，在工作中学会如何将理论知识熟练运用于实际中，积累了丰富的工作经验，提升了自身的工作能力。

②个人经历。主要包括在校经历和工作经历。对于应届生，在校经历包括学生工作经历、兼职经历、实习经历。学生工作经历主要是描述自己先后担任过哪些学生干部职务，组织过哪些重大或者有特色的活动，并且注明这些经历培养了自己良好的领导、管理、协作、沟通能力，使自己能够客观理智地面对问题、顾全大局；兼职经历可以强调自己的团队协作能力；实习经历要表明通过与专业相关的岗位实习，加深了对理论知识的理解，提升了实际操作能力。对于非应届生，可重点阐述自身的工作经历。可以在描述岗位职业、

取得业绩之后，强调团队协作，感恩知遇之恩，是领导的耐心指导和同事的热心帮助，使得自己的业务能力得到了提升。

③性格特质。要根据应聘岗位进行精心提炼，例如，应聘银行职员，"谦虚谨慎、沉着冷静、胆大心细、自律性强、敢于担责、顾全大局"等性格特质就与岗位很匹配。要做到精准提炼，需要事先了解应聘岗位的工作部门、工作职责、具体业务等。通过上网查询，来了解该岗位对面试者性格上的特殊要求。

2）其他常规题目

（1）优点缺点——"你有什么缺点？"

在介绍自身优点时，要充分具体，最好能够以事实、数据说明。介绍缺点时，不应与所应聘岗位相对立。比如"粗心大意"与会计岗位是相对立的。不宜把明显的优点说成缺点，比如"追求完美"。可以说出一些大学生普遍存在的缺点，例如"缺乏工作经验"；抑或是一些表面上看是缺点，从工作的角度看却是优点的缺点，例如"做事情虽然也知道好事多磨的道理，但是自己总是有点急于求成，所以有时工作效率虽高，但也容易忽略细节"。

（2）业余爱好——"你有什么业余爱好？"

业余爱好能在一定程度上反映应聘者的性格、心态和观念。介绍时不宜过于单一，以免显得性格孤僻或生活单调；也不宜过于丰富，切忌谈及庸俗的、令人感觉不好的爱好。可以适当提及一些户外的业余爱好来强化自身形象。如果能够做到将爱好与岗位相统一，自然最好。

（3）求职动机——"你为何应聘我们公司？"

面试官可以从该问题的回答中了解你求职的动机、职业愿望以及对此项工作的态度。回答该问题时，可以从行业、企业、岗位这3个角度逐一来回答。例如，"贵公司所处的行业发展前景良好，贵公司十分重视人才，我非常认同贵公司的企业文化，而且我的专业素质、实习经历、性格特质都与这个岗位相匹配，我相信我一定能够胜任这份工作"。也可以从求职需要、学以致用、锻炼自身、实现价值4个角度来回答。

（4）离职原因——"您在前一家公司的离职原因是什么？"

回答此问题时，应聘者应使招聘单位相信，在过往单位的"离职原因"在该招聘单位不存在。具体回答时，不宜将原因说得过于具体详细，也不宜掺杂太多的负面感受，例如，"人际关系复杂""公司不重视人才"等，可以委婉地说"想换换环境"；尽量使解释的理由为个人形象添彩。例如，"我离职是因为这家公司倒闭了。我在公司工作了两年多，对公司有着深厚的感情。从去年开始，由于市场形势突变，公司的局面急转直下。对此我很遗憾，但还是要面对现实，重新寻找我能发挥所能的舞台"。

8.3 掌握面试的答题技巧

8.3.1 基础知识

1）面试回答问题的技巧

（1）用心倾听

面试过程中，"倾听"对于考官和应试人都是十分必要的，双方都力图准确把握对方的真实意图，获取尽可能多的信息。在听的过程中，要做到耐心、专心、细心，整个过程应全神贯注、专心致志、精神饱满，在表明你对主考官谈话内容感兴趣的同时，也要细心捕捉对方尚未表达出来的意思。

（2）确认提问

主考官向应试者提出问题时，应试者应该面带微笑、全神贯注，目光跟随主考官的提问作出相应的反应。如果对主考官提出的问题，难以理解对方问题的含义或是不知从何答起，要保持冷静，可以礼貌请求对方重复一遍题目；对于确实不会回答的题目，也如实告知，不宜回避闪烁、不懂装懂。

（3）把握重点

回答问题时，结论在先，论据在后，也就是先将中心意思表达清晰，然后再做叙述和论证。如此，这样可以让考官产生有理有据、条理清晰的面试效果。回答中要注意把握面试时间，不宜长篇大论，以免偏题跑题。

2）语言运用的技巧

（1）说话清晰流畅

在回答问题时，要注意发音准确、吐字清晰、语言流利。避免磕磕绊绊，避免"呃""嗯""然后"等口头禅，以保障语言的流畅性。为了增添语言的魅力，可善用修辞法。

（2）适当控制语速

人在精神紧张的时候，讲话的速度会不自觉加快。如果语速过快，不仅不利于对方听清说话内容，而且自己也容易出错，或是出现长时间的卡壳。而如果语速太慢，又容易给人留下气氛沉闷、缺乏激情的感觉。因此，在面试答题中，可以有意识地放慢讲话速度，等进入状态后，再适当增加语速，增强语调。

（3）表达语气平和

面试时要注意语言、语调、语气的正确运用。语气是指说话的口气，语调是指语音的高低轻重配置。为了避免语气过于平缓，平时训练中，可以选取一段自己喜欢的5分钟音频，不断听，不断模仿，以做到说话抑扬顿挫。同时，注意调整音量，声音过大令人厌烦，过小又难以听清，音量的大小应根据面试现场的情况而定。

（4）关注听者反应

面试交谈中，应随时注意听者的反应。如果对方心不在焉，则需要及时转移话题；如果对方侧耳倾听，则需要提高音量以使对方听清；如果对方有皱眉的表情，则需要及时调整表达措辞。总之，在面试过程中，要善于观察，根据对方反应，适时地调整自己的语音、语调、语气、措辞，以取得良好的面试效果。

8.3.2 情景模拟

根据班级人数设计1~5个岗位，同学们根据自己的意愿模拟面试，面试题目以常见问题为主，模拟面试后学生相互点评，教师作最后点评。

应聘人员面试评分表

评价方向	评价等级					
形象 （每项5分，共25分）	评价要素	差 （1分）	较差 （2分）	一般 （3分）	较好 （4分）	好 （5分）
	仪容、仪表					
	亲和力和感染力					
	语言表达能力					
	精神面貌					
	健康状况					
	小　计					
技能 （每项10分，共50分）	评价要素	差 （2分）	较差 （4分）	一般 （6分）	较好 （8分）	好 （10分）
	工作经验和工作业绩					
	所学专业知识、工作技能与应聘岗位的关联性					
	对应聘岗位工作事项的了解程度					
	思维应变能力（包括分析、处理、判断力）					
	发展和培养的潜力					
	小　计					

续表

评价方向	评价等级					
其他 （每项 5 分， 共 25 分）	评价要素	差 （1 分）	较差 （2 分）	一般 （3 分）	较好 （4 分）	好 （5 分）
	个人兴趣、爱好、特长					
	个性特征和公司文化的相融性					
	沟通能力和社交技能					
	来我公司服务的意志性					
	薪酬待遇方面的要求					
	小　计					
合　计						
评价要点记录：						
综合考评意见：　　□录用　　　□复试　　　□淘汰						

应聘人姓名：　　　　　　　　　　　应聘岗位：

面试考官：　　　　　　　　　　　　面试时间：

项目 ⑨
创业认知

【任务描述】

创业心理、创业团队、创业资金构成创业认知的三大要素，只有在对这三大要素有了准确分析判断之后，才能具备良好的创业认知，从而引导创业走向成功。

【任务分析】

在老师的指导下学会分析自身的创业心理，区分不同类型的创业团队及其构成要素，准确把握自己组织创业团队的能力，评估自己的资金获取来源能力，学习控制资金风险。

【环境准备】

1.每个学生配备教材一本。
2.配备多媒体教室一间。

9.1 创业心理

9.1.1 案例分享

大学生卖"1元咖啡"月入3 000元

当很多同学每天奔波于招聘会抱怨工作难找时，23岁的大学毕业生王建已经是一个名副其实的小老板了，先是做进口食品专卖，现在卖"1元咖啡机"，月收入近3 000元，虽然不算多，但比求职碰壁的同学强多了。

王建是一所民办高校电子商务专业的大学生，看见身边的同学求职四处碰壁之后，他放弃了找工作的打算。此时，他通过报纸看到南京一家创业服务中心推出的一个"1元咖啡机"的项目，便一个人来到创业中心，参加该中心举办的大学生创业培训班。

在系统地学习了两个月之后，王建带着一台"1元咖啡机"出去创业了。首先面临的问题就是选址，街头、广场、地下通道等公共场所人流量大，可管理单位不允许他摆放。他看好了迈埠桥一处地方，刚把咖啡机放下，就过来两个人警告他不能放，他跑去跟管理单位的负责人协商，介绍这个项目，可对方根本不听就回绝了他。后来经过多次上门协商后，这位负责人勉强同意他把咖啡机放在那里。

开张第一天，王建很紧张，从早上8点就一直守在机子旁边，可一天下来，也没有几个人去投币买咖啡。"难道是冲调得不好喝？"王建自己买了一杯一尝，味道确实一般。当晚，他回到家中，在原来的配方中一点一点加料，一杯一杯地品尝，直到自己觉得满意为止。果然，第二天，新配方的咖啡吸引了不少的回头客，生意就这么一天天地好起来。小赚了一点以后，他又到创业中心拿了两台机子。现在3台咖啡机，每天最多的时候能够卖出400杯咖啡，一个月能够赚到近3 000元。王建现在准备再购买3台咖啡机，把生意做大。

【启示】

卖1元咖啡成功了，并不意味着要让其他大学生也都去卖1元咖啡。而是要告诫处于择业状态下的大学生求职者们，树立正确的择业观和创业观，开阔视野，寻找属于自己的生存之道，正所谓"三百六十行，行行出状元"，只要肯付出努力，就会有客观的回报！

9.1.2 创业认知

面对日益严峻的就业形势，自主创业也逐渐成为大学生职业发展的重要选项之一。梳理创业意识、掌握创业知识、了解创业法律法规、提升创业能力成为大学生创业的基本要求，创业教育成为大学生职业发展教育中的重要组成部分。

1）创业的内涵

所谓创业，就是指创业者按照国家的有关法规和政策规定并结合自身的条件，通过发现商业机会、成立组织、利用各种资源提供产品和服务、创造价值的过程。随着商业经济的高速发展和知识经济的到来，大学生创业已成为社会和媒体关注的话题，教育部和有关部门也出台了相关政策允许和鼓励大学生自主创业。

大学生自主创业是指利用所掌握的技术、产品、服务和专利等，筹集资金，创办一个公司或企业，去获取市场利润，服务社会的过程。高校毕业生创业不仅应作为一种能力来培养，更应该当作一种文化来塑造。创业不同于一般的专业科研活动，它是人才开发和技术创新，是科研成果转化为现实生产力，让更多有知识、有激情的人才来参与社会经济发展并从中获得相应报酬的过程。大学生创业是大学生学习探索、求职发展的心理成熟过程，知识型的大学生自主创业是大学生实现自我人生价值的有效手段。

2）创业的特点

创业是发现和捕捉机会并由此创造出新颖的产品或服务，实现其潜在价值的过程。创业强调"实现潜在价值"，主要有以下4个特点。

（1）创业强调过程

创业意味着创造某种新事物，这种新事物必然具有一定价值，它可以是产品，也可以是技术或服务，甚至可以是人、团队或组织。而创造一种能够被需要、具有价值的新事物需要一个过程，不仅被创造的事物须具有创造性，这个创造的过程本身更须具有创造性。

（2）创业耗费大量时间和精力

创业是一项创造新事物和新价值的过程，这就要求创业者能够付出充足的时间和精力。并且时间成本与精力成本的回报率是无法预算的，甚至极有可能付出的时间和精力与所获的利润或回报不成正比。一些大型项目更是需要创业者在相当长的一段时间内不计成本地、持续地付出大量的时间和精力。

（3）创业伴随高风险

创业的价值在于创新和创造，走他人没走过的路，做他人没有尝试过的事情，必然存在着风险，但是正因如此，研发出来的产品或服务才具有不可替代的独创性。创业过程中的风险可能来自多个方面，例如，技术、资金、管理、政策以及各种环境因素。

（4）创业成功的回报诱人

风险与回报可谓是一对孪生兄弟。创业者常常会选择"高风险高回报"的项目作为创业内容。他们在付出努力、承担风险的同时，期待在事业成功之后收货较高的回报。这种回报可以是金钱，还可以是荣誉、成就感、认同感、社会地位等。

3）大学生创业的风险

（1）项目选择盲目

大学生选择创业，如果缺乏前期的市场调研和风险评估，单凭自己的兴趣和猜测来决定投资方向，甚至仅凭一时心血来潮作决定，难免会竹篮打水一场空。因此，陌生的市场环境、经营方面的零经验都成为大学生创业者的风险。一般来说，大学生创业者在创业前期一定要做好市场调研，在了解市场行情的基础上入手。大学生创业者资金实力较弱，可选择启动资金不多、人手配备要求不高的项目，从小本经营做起比较适宜。

（2）缺乏创业技能

很多大学生创业者眼高手低，当将创业计划落实为实际操作时，才发现自己根本不具备解决问题的能力，这样的创业无异于纸上谈兵。因此，为了积累实践经验，大学生应在在校读书期间多争取到企业打工或实习的机会，积累相关的管理和营销经验；另一方面，主动参加创业培训讲座等，丰富创业知识，接受专业指导，提高创业成功率。

（3）融资渠道单一

如果没有广阔的融资渠道，创业计划只能是一纸空谈。除了银行贷款、自筹资金、民间借贷等传统方式外，还可以充分利用风险投资、创业基金等融资渠道。

（4）社会资源缺乏

企业创建、市场开拓、产品推介等工作需要调动社会资源，大学生在这方面会感到非常吃力。平时应多参加各种社会实践活动，扩大自己人机交往的范围。创业前，可以先到相关行业领域工作一段时间，借助这个平台为自己日后创业积累人脉。

（5）管理过于随意

一些大学生创业者虽然技术出类拔萃，但理财、营销、沟通、管理方面的能力普遍不足。要想创业成功，大学生创业者必须技术、经营两手抓，可从合伙创业、家庭创业或从虚拟店铺开始，锻炼创业能力，也可以聘用职业经理人负责企业的日常运作。

9.1.3 创业心理

创业是21世纪中国社会发展的大趋势，是目前非常重要的一种就业方式，国家倡导广大毕业生和各行各业的劳动者"以创业带动就业"。大学生创业是整个社会创业大潮中重要的组成部分。但目前大学生创业比例不高。国家发展与改革委员会经济社会发展研究所副所长杨宜勇在中国社会科学院举行的"2008年社会蓝皮书发布暨中国社会形势报告会"上说:"为什么大学生就业难?我看大学生创业不足是其中的一个核心原因。以清华大学为例,它当年毕业生中创业的人数不到1%。而在美国,这一比例一般占23%~25%。"对那些适合创业、具备创业基本素质和条件的同学来说,要结合自己的实际条件,勇于进取,大胆创业,来创造就业岗位,为社会奉献力量,创造财富。

1)大学生的创业动机

大学生创业与其他创业者进行的创业活动的性质是一样的,只是在某些心理层面有区别,最重要的是创业者的身份是大学生,所进行的创业通常带有知识性。激发大学生创业行为的心理原因可称为创业动机。创业动机主要可分为以下7个方面。

①具备了创业的能力,渴望通过创业证明自己的能力。

②发现机会、机遇,验证判断力。

③拥有某项新技术、新产品、新科研成果。

④无法找到理想工作,决心挑战自己。

⑤希望拥有足够的自由空间。

⑥前辈传统的承袭。

⑦拥有梦想,追求自我实现的需要。

2)大学生创业的心理建设

(1)迎接困难的心理建设

创业就意味着把自己放到激烈的竞争当中。竞争就意味着强者生存,适者生存。因此,创业过程就是一个创业者遭遇困难、解决困难的过程,创业者们比拼的是抗击挫折的能力,有志创业的大学生们一定要对创业过程中可能遭遇的各种困难作好充分的心理准备。

(2)转变角色的心理建设

从两耳不闻窗外事的大学生,突然转变为倾注全身心为项目谋划、为盈利谋划的创业者,这是大学生创业者人生中艰难的抉择和巨大的转变。大学生创业者在心态、思维、观念上,在为人处世和待人接物的方式方法上,都应该适当地做些更适合创业者当前身份的转变。只有思想上先行转身,才可能避免行动上碰壁。

(3)忍受孤独的心理建设

不是所有的大学生创业者都能得到亲人、朋友的鼎力支持。如果亲人、朋友对创业者的创业活动不理解、不支持,合作伙伴对创业者经营决策的不信任、不支持,这种孤独与无助的心理压力常常会成为压倒创业受挫者的最后一根稻草。因此,做好在逆境中忍受孤独、承受委屈以及坚守自己理想的心理建设是非常有必要的。

3)大学生创业应具备的心理素质

(1)坚定的创业信念

创业是拓展职业生活的关键环节,在就业压力较大的社会环境中,有强烈的创业意识和坚定的创业信念的人,就容易捕捉到更好的创业机会,甚至还能帮助别人就业。创业并非解决就业的临时途径，而是一种更能体现个人价值的成才方式。当今社会中增添的许多新职业，既体现了新的社会需要又体现了创业者的指挥和贡献。自主创业的天地广阔，大有可为，每个人都有必要增强创业意识。信心就是成功创业的动力，只有相信自己，才会不断去争取和追求，也才可能在逆境中完成创业的人生拼搏。

（2）积极的创业心态

积极的创业心态就是拥有巨大的创业热情，就是努力将不可能变为可能的勇气，就是努力寻找可行性，将挑战化为机遇的信心。前文提到，创业是一个需要付出大量时间和精力的努力过程，如果没有坚定的信心，便经不起顾客的质疑和同行业竞争者的打击；如果没有足够的勇气，便顶不住艰苦的生存环境和管理困难带来的压力；如果没有强烈的热情，就守护不了创业之初心中的理想。

（3）顽强的创业意志

创业意志是指个体百折不挠地把创业行动坚持到底以达到目的的心理品质。创业意志包括3点：一是创业目的明确；二是创业决策坚决果断；三是创业行动要有恒心和毅力。创业者需要具备百折不挠、坚持不懈的毅力。

（4）鲜明的创业个性

创业的历程中蕴含了许多不确定的风险，创业的价值就在于创造出自己独特的东西，用勇气在理智基础上的大胆决断，是自信前提下的果敢超越，是新目标面前的不断追求。

9.2 创业团队

9.2.1 案例分享

俞敏洪：破解组建核心创业团队之道

我喜欢跟一批人干活，不喜欢一个人干。创业初期，环顾周围的老师和工作人员，能够成为我的合作者的几乎没有，看来合作者只能是我大学的同学。我就到美国去了，跟他们聊天，刚开始他们都不愿意回来。当时王强在贝尔实验室工作，年薪8万美金，他一个问题就把我问住了："老俞，我现在相当于60万人民币，回去了你能给我开60万人民币的工资吗?另外你给我60万元，跟在美国赚的钱一样，我值得回去吗?"当时新东方一年的利润也就是100多万元，全给他是不太可能的。

两个因素导致他们都回来了。第一，我在北大的时候，是北大最没出息的男生之一。我在北大四年什么风头都没有出过，普通话不会说，考试也不好，还得了肺结核，有很多女生直到毕业还不知道我的名字。我去美国时中国还没有信用卡，带的是大把的美金现钞。大家觉得俞敏洪在我们班这么没出息，在美国能花大把大把的钱，要我们回去还了得吗?因为他们都觉得比我厉害。第二，就是告诉他们："如果我回去，我绝对不雇用大家，我也没有资格，因为你们在大学是我的班长，又是我的团支部书记，实在不济的还睡在我上铺，也是我的领导。中国的教育市场很大的，我们一人做一块，依托在新东方下，凡是你们那一块做出来的，我一分钱不要，你们全拿走。你们不需要办学执照，启动资金我提供，房子我来帮你们租，只要付完老师工资、房租以后，剩下的钱全拿走，我一分钱不要。"他们问："你自己一年有多少总收入？"我说："500万元。"他们说："如果你能做到500万元，我们回去1 000万元。"我说："你们肯定不止1 000万元，你们的才能是我的10倍以上。"我心想到底谁能赚1 000万还不知道呢！就这样，我把他们忽悠回来了，到2003年新东方股份结构改变之前，每个人都是骑破自行车干活。第一年回来只拿到5万、10万，到2000年每个人都有上百万、几百万的收入。所以大家回来干得很好、很开心。因为是朋友，大家一起干，要不然一上来就确定非常好的现代化结构。但是在当时我根本不懂。我这个人最不愿意发生利益冲突，所以就有了"包产到户"的模式，朋友合伙，成本分摊，剩下的全是你的。

公司发展时期的三大内涵，第一是治理结构，公司发展时一定要有良好的治理结构；第二是要进行品牌建设，品牌建设不到位的话，公司是不可能持续发展的；第三是利益分配机制一定要弄清楚，到第三步不进行分配是不可能的，人才越聚越多，怎么不可能进行分配呢？

改革改的不是结构而是心态。行股份制前，新东方每人都是骑自行车上班，股份分完第二天一人配一辆车，一下子配了11辆车，特别有意思。

改革改的不是结构而是心态。心态不调整过来，结构再好也没有用，这就是美国的民主制度不能完全搬到中国来的原因，制度可以搬，但人的心态不往上面走，文化组织结构不往上面走，是没有用的。新东方股权改革后，两个问题出现了，第一，原来的利润是全部拿回家的。新东方年底算账，账上一分钱不留下来，都分回家了。现在公司化，未来要上市，就得把利润留下，大家心理马上就失衡：原来一年能拿回家100万，现在只有20万，80万要留在公司，而且公司干得成、干不成不知道，未来能不能上市也不知道。眼前的收入减少80%。怎么办？不愿意。第二，合一起干之后，本来我这边100%归我，现在80%不是我的，动力就没有了。又要成立公司，又要分股份，又不愿意把股份留下。新东方人荒谬到什么地步！

大家觉得股权不值钱，拿10%的股份，不知道年底能分多少红，开始闹。我就给股份定价："如果大家实在觉得不值钱，我把股份收回来，分股份的时候，这个股份都是免费的，现在每一股一元钱收回来，一亿股就值一亿人民币，我把你们45%的股份收回来。"我说收，他们不回我。我又提议："我跑到家乡去开一个小学校总可以吧？"我不干了，他们也不敢接。最后我说："我把股票送给你们，我持有的55%股份不要，我离开新东方，你们接。"结果他们也不讨论，他们想：我们现在联合起来跟你打，但你走了，我们是互相打。我向他们收股票，他们虽不愿意卖，但这带来两个好处：一是表明我是真诚的；二是给股票定了一个真正的价格，他们原来觉得定一元钱是虚的。"你定一元钱，这个股票值不值钱不知道"，现在我真提出用一元钱一股买回来的时候，他们发现这个股票是值钱了，因为最多分到10%，10%等于1 000万股，如果10%买回来，相当于1 000万现金，他们觉得值钱了。

9.2.2　创业团队的内涵

1）团队

管理学家斯蒂芬·P.罗宾斯认为，团队就是由两个或者两个以上的，相互作用、相互依赖的个体，为了特定目标而按照一定规则结合在一起的组织。有多少教科书就有多少种关于团队的解释，这里把团队定义为：团队是由员工和管理层组成的一个共同体，该共同体合理利用每一个成员的知识和技能协同工作，解决问题，达到共同的目标。

2）创业团队

创业团队是指在创业过程中，一些有互补技能，有共同责任，有共同价值观，愿为同一创业目标而奉献的少数人员的集合。创业需要一个团队来进行，因此需要对团队进行组织和管理。通过分工与协作，有条理地完成创业的相关活动。创建组织既包括组织结构的构建，又包括沟通体系的形成。

9.2.3　创业团队的特点

很多创业团队，在创业的过程中，很多优秀的成员，他们个个都有自己的独立的观点。每当遇到事情，大家都是采用讨论的方式解决，可讨论了很久，就是没结果！这样很浪费时间，不仅浪费了团队的时间，也浪费了项目的时间。俗话说时间就是生命，效率就是金钱。一个优秀的团队，其中每个人都要有超强的执行能力，每个优秀的队员的配合都要搭配得当。否则团队的失败就是创业的失败。

一个处于良性运转的高绩效团队必然具备一些显著的特征，而正是由于有了这些特征，一个群体组织才能称为团队或高绩效团队。

1）价值观一致

团队成员对创业团队具有认同感，把自己属于该团队的身份看成一种自我实现。因此，承诺一致的表现是对创业目标的奉献精神，愿意为实现目标而调动和发挥自己的最大潜能。一项针对创业者能力的研究报告也指出，组成团队与管理团队是成功创业者需要具备的主要能力之一。由于组成创业团队的基石在于创业远景与共同信念，因此创业者需要提出一套能够凝聚人心的远景与经营理念，形成共同目标、语言、文化，作为互信与利益分享的基础。组成创业团队是一种结合远景、理念、目标、文化、共同价值观的机制，使之成为一个生命与利益共同体的组织。

阿里巴巴非常重视价值观，这一点还被不少人批评，但纵览国内外各大成功企业案例可以得知，价值观建设是非常重要的。一个人的工作成绩，等于业务能力和价值观的乘积。简单来说，在业务能力相同的前提下，两个和公司价值观契合程度不同的员工所作出的贡献可能相差数倍。

价值观到底是什么？一般来说，公司的价值观就是创始人、一把手的价值观。兵熊熊一个，将熊熊一窝，上梁不正下梁歪，说的就是这个道理。而且，价值观是可以传递的，它可直接在你聘用员工的时候体现出来。员工从选择贵公司投简历应聘，到受聘后至今工作很卖力、很有成就感，很大程度上得益于他认同公司的价值理念即创始人的理念。那么在当今开放的市场环境下，"像匠人一样打磨产品"诸如此类能让员工的工作更简单、更精细、更趋于完美的价值理念也更能吸引人才。因为这个世界上可以赚钱的事情有很多，但并不是所有赚钱的事情都可以给员工带来心理上的成就感。做一个价值观强大的企业，那些和创始人气场相投的人自然会被吸引过来。

2）技能互补

高效的创业团队是由一群有能力的人组成的。他们具备实现创业目标获得盈利所必需的技术和能力，而且相互之间有良好合作的个性品质，从而能够出色地完成任务。一个好汉三个帮，红花也需绿叶扶持。不管创业者在某个行业多么优秀，但不可能具备所有的经营管理经验，而借助团队就是拿来主义，他们可以拥有企业所需要的经验。如顾客经验、产品经验和创业经验等，而且人际关系在创业中的比重被放在一个很重要的位置，人际关系网络或多或少地帮助创业者，是企业成功的因素之一。通过团队，人脉关系可以放得更大，可提高创业成功的概率。

3）目标清晰

高效的创业团队对于要达到的经营目标有清楚的了解，并坚信这一目标包含着重大的意义和价值。而且，这种目标的重要性还激励着团队成员把个人目标升华到团队目标中去。

4）沟通良好

创业团队成员之间通过畅通的渠道交换信息，互相之间能迅速、准确地了解一致的想法和情感。团队领导者与团队成员之间通过健康的信息反馈，也有助于领导者指导团队成员行动，消除误解。

5）恰当领导

高绩效创业团队领导者往往担任的是教练和后盾的角色，他对整个创业团队提供指导和支持，但并不试图去控制它，他鼓舞团队成员的自信心，帮助他们更充分地了解自己的潜能。

6）相互信任

创业团队成员之间相互作用、直接接触，彼此相互影响，形成一种默契、关心和信赖，不论何时，不论需要怎样的支持，成员之间都相互给予，彼此协作，共同完成团队的目标。

9.2.4 创业团队的组建

创业者想要达到成功，最重要的还是要有坚持的毅力和信念，越来越多的创业者开始组建成功的创业团队，因为想要成功必须和创业团队团结一致。共同用智慧去创造新的财富。那么，如何才能组建优秀的创业团队呢？

1）创业团队构成要素

创业团队有以下5个重要的构成要素。

（1）目标

创业团队应该有一个既定的项目作为目标，为团队成员导航，没有项目这个创业团队就没有存在的价值。自然界中有一种昆虫很喜欢吃三叶草，这种昆虫在吃食物时都是成群结队的，第一个趴在第二个的身上，第二个趴在第三个的身上，由一只昆虫带队去寻找食物，这些昆虫连接起来就像一节一节的火车车厢。管理学家做了一个实验，把这些像火车车厢一样的昆虫连在一起，组成一个圆圈，然后在圆圈中放了它们喜欢吃的三叶草。结果它们爬得精疲力竭也吃不到这些草。这个例子说明在团队中失去目标后，团队成员就不知道上何处去，最后的结果可能是饿死，这个团队存在的价值可能就要打折扣了。创业团队的目标即为创业目标，而创业项目还可以分成若干小目标具体分到团队各成员身上，大家合力实现这个共同的目标。

（2）人

人是构成创业团队最核心的力量，两个及以上的人就可以构成创业团队。目标是通过人员具体实现的，所以人员的选择是创业团队中非常重要的一个部分。在一个创业团队中可能需要有人出主意，有人定计划，有人实施，有人协调不同的人一起去工作，还有人去监督项目的进展，评价团队成员的贡献。不同的人通过分工来共同完成一个创业项目，在人员选择方面要考虑人员的能力如何，技能是否互补，人员经验的丰富程度等。

（3）定位

创业团队的定位包含两层意思：一是团队本身的定位，创业团队在市场竞争中处于什么位置，由谁选择和决定团队的成员，团队最终应对谁负责，团队采取什么方式激励各位成员？二是个体的定位，作为创业团队中的成员在团队中扮演何种角色？角色与角色之间有哪些联系与区别？团队成员之间、团队领导者与其他成员之间是何种共事关系？

（4）权限

创业团队中，领导人的权力大小与团队的发展阶段相关，一般来说，团队越成熟领导者所拥有的权力相应越小，在团队发展的初期阶段领导权相对比较集中。团队权限关系的两个方面：一是领导者在整个创业团队中拥有什么样的决定权？如财务决定权、人事决定权、信息决定权。二是创业团队的基本特征，如创业团队的规模多大，团队的定位是什么层次，团队对于不同成员的授权有多大，创业团队的业务是什么类型。

（5）计划

计划有两层面的含义：一是项目目标最终的实现，需要一系列具体的行动方案，可以把计划理解成目标的具体工作的程序。二是提前按计划进行，可以保证项目进度的顺利推进。只有在计划的操作下项目才会一步一步地贴近经营目标，从而最终实现目标。

2）创业团队成员

（1）有向心力的带头人

在企业管理和市场营销中，我们经常谈论领导者的核心竞争力。事实上，在创业团队中，带头人的作用更加重要。

创业团队中必须有可以胜任的领导者，而这种领导者，并不是单单靠资金、技术、专利来决定的，也不是谁出好的点子谁当头的。这种带头人是团队成员在多年同窗、共事过程中发自内心的认可。

（2）其他成员才华各异、相得益彰

创业团队虽小，但是"五脏俱全"。创业团队成员不能是清一色的技术流成员，也不能全部是搞终端销售的，优秀的创业团队成员各有各的长处，大家结合在一起，正好是相互补充，相得益彰。

通常一个优秀的创业团队必须包括以下几种人：一个创新意识非常强的人，这个人可以决定公司未来的发展方向，相当于公司战略决策者；一个策划能力极其强的人，这个人能够全面周到的分析整个公司面临的机遇与风险，考虑成本、投资、收益的来源及预期收益，甚至还包括公司管理规范章程、长远规划设计等工作；一个执行能力较强的成员，这个人具体负责下面的执行过程，包括联系客户、接触终端消费者、拓展市场等。

9.2.5 大学生创业者组建团队的注意事项

1）创业者与团队成员之间是合作而非雇佣关系

作为一个创业公司，在工资待遇、福利方面，招纳人才的吸引力往往不及政府、国企、外企。然而创业公司就没有任何优势了吗？有一种福利是国企、外企无法提供但创业公司能充分给予的，就是员工的成就感和个人成长。在一个大公司里，个人对于整个组织的影响是难以被感觉到的，你就像一个小齿轮一样，离了你机器一样可以运转，换一个也没有太大的关系。在大组织中，日复一日做着无须思考的执行工作，个人成长的速度缓慢而有限。

但是在创业公司中，个人对整个公司的影响则是可以被充分感知的，这种影响效果给一个年轻人带来的成就感是非常强烈的。而且，创业公司往往要求员工有"三头六臂"、身兼数职，员工的成长速度就会非常快。

创业公司如果想最大限度地激发出一个员工的工作积极性，就一定不要让他感觉到他只是在为公司出卖自己的体力和时间，而要让他感觉他是在利用公司的资源为自己干活。因此，创业者和员工之间的关系不是雇佣关系，而是各取所需的合作伙伴关系。

2）创业团队成员之间应是知己知彼，知根知底

绝大多数创业团队的核心成员都很少，一般是3~4人，多也不过10来人，如此少的团队成员从企业管理角度来看，实在是"小儿科"，因为人数太少，几乎每个从事管理工作的人都觉得能够轻易驾驭。但实际上，这个创业团队成员虽少，但是都有自己的想法，有自

己的观点，更有一股藏于内心的不服管的理念。因此，创业团队中的每个成员对创业公司的发展影响都是举足轻重的。

优秀的创业团队的所有成员都应该相互非常熟悉，知根知底。《孙子兵法》中云："知己知彼，百战不殆"，在创业团队中，团队成员都非常清醒的认识到自身的优劣势，同时对其他成员的长处和短处也一清二楚，这样可以很好的避免团队成员之间因为相互不熟悉而造成的各种矛盾、纠纷，最大限度地避免由分歧带来的实效延误，从而迅速提高团队的向心力和凝聚力。

3）创业者应重视积累"低端"人脉

众所周知人脉对于创业成功的重要性，但大多数大学生创业者容易好高骛远，可能只重视要多拉拢"高端"人脉，却忽视了身边的普通人，这是非常得不偿失的。在残酷的现实中，在大多数高端人士眼里，仅有一纸项目的大学生创业者的可视价值非常有限，而零经验、零起点、零资本的客观现状很显然又是高风险的代名词。风险高、收益不确定的定位也正是大学生创业者在"攒人脉"的路上无限艰辛的原因。

当我们努力攀爬职场金字塔时，既需要上面有人拉你，更加需要下面有人顶你。蒋介石当年为什么三次下野三次又被请回来？因为只有他能够指挥得动那些将领，因为他当年曾经是黄埔军校的校长，他有足够多的"低端"人脉来支撑他。所以重视那些低端人脉是大学生创业者扩宽人脉的一个很好的切入点，积极维护朋友圈，也许你的某位同窗，某位点赞的路友，甚至你的某个"小粉丝"，就是未来助你成就大业的那员大将。

9.3 创业资金

9.3.1 案例启示

听马云讲述自己的创业故事

在大学里，我有幸当上了学生会主席，后来还成为杭州大学生联合会主席。毕业时，我成为500多名毕业生中唯一一位在大学教书的教师。在5年的教书生涯中，我一直梦想着到公司工作，如饭店或者其他什么地方。我就说想做点什么。1992年，商业环境开始改善，我应聘了许多工作，但没有人要我。我曾经应聘过肯德基总经理秘书职位，但被拒绝了。

接着在1995年，我作为一个贸易代表团的翻译前往西雅图。一个朋友在那儿首次向我展示了互联网，我们在雅虎上搜索"啤酒"这个单词，但却没有搜索到任何关于中国的资料，我们决定创建一个网站，并注册了"中国黄页"这个名称。

我借了2 000美元创建了这个公司，当时我对个人电脑和电子邮件一窍不通，我甚至没接触过键盘，这也是我为什么说自己是"盲人骑瞎马"。我们与中国电信竞争了大约一年时间，中国电信的总经理表示愿意出资18.5万美元和我们组建合资公司，我还从来没见过那么多钱。遗憾的是，中国电信在公司董事会中占据了五个席位，而我的公司只有两个席位，我们建议的每件事他们都拒绝，这就像蚂蚁和大象博弈一样，根本没有任何机会，我决定辞职单干。那时，我得到了来自北京的一个offer，负责运营一个旨在推动电子商务的政府组织。

我的梦想是建立自己的电子商务公司。1999年，我召集了18个人在我的公寓里开会，我对他们讲述了我的构想，两个小时后，每个人都开始掏腰包，我们一共凑了6万美元，这就是创建阿里巴巴的第一桶金。

我想建立一家全球性的企业，因此选择了一个全球性的名字。阿里巴巴很容易拼写，而且《一千零一夜》里"芝麻开门"的故事家喻户晓，很容易被人记住。

当时，阿里巴巴基本上是一个"三无企业"，无资金、无技术、无计划，但我们最终存活了下来。我们每一分钱都用得非常仔细，公司的办公地点就选在了我的公寓里。1999年我们从高盛获得了资金注入，2000年又从软银获得了投资，公司的规模开始扩张。我们之所以能取得成功，是因为我相信一件事：全球视野，本土能赢。我们自己设计业务模式，主要关注如何帮助中小企业赚钱。我们从不向许多中国的互联网企业家那样从美国拷贝经营模式。我们关注产品质量，一定要实现"点击，得到"，如果不能得到，那就是垃圾。

我说阿里巴巴曾犯下一千零一个错误。我们扩张得太快，在互联网泡沫破裂后，我们不得不裁员。到2002年，我们拥有的现金只够维持18个月。阿里巴巴网站的许多用户都在免费使用服务，我们不知道如何获利。于是我们开发了一款产品，为中国的出口商和美国的买家牵线，这个业务模式拯救了我们。到2002年年底，我们实现了1美元的净利润，跨过了盈亏平衡点。自那以后，公司的经营业绩每年都在提高，现在阿里巴巴的盈利能力已经相当强了。

对于想要创业的在校大学生而言，马云的例子可以给其很多启发。大学生想要自主创业不是一件容易的事，需要考虑方方面面，需要作充分的准备，需要挥洒无数的汗水，尽管困难，但国家为大学毕业生自主创业、开办私营企业创造了良好的环境，毕业生如能不懈努力，自主创业将终获成功。

9.3.2 创业资金

1）创业资金的内涵

创业资金是指创业者进行创业时，前期的资本投入，包括创业者能力提高的就业培训、店铺租赁、店面装修、店面展示商品所需资金以及数量不等的流动资金。

资金包括公司的注册资本，世界各国为了鼓励创业活动的开展，纷纷降低了对新创企业注册资金方面的要求和限制，创业所需的资金远不止这些，技术或专利、生产设备、原材料的购买以及人员的招募等都需要大量的资金。要想创业，除了具备创业家的素质和选择合适的技术项目外，还需具有一定的资金，否则，一切创业也只是空谈而已。

2）资金来源方式

为了适应新创企业发展，出现了各种新的融资方式，因此，新创企业应利用多种融资方式进行融资。

（1）自筹资金

自筹资金包括自己的储蓄或者向亲戚朋友借贷所得资金。自筹资金主要依赖于创业者的人脉资源。

（2）社会筹资

通过提供高价值的固定抵押物，向银行等金融机构贷款，或者通过熟人或网络向非正式金融机构借贷，后者比前者利率高，风险更大。近两年兴起的"众筹"就是一种借助移动网络客户端向社会公众筹集资金的方式。

（3）天使融资

创业投资天使的全称是"非正式的私人股权投资者"，是指专门投资于高风险的创业型企业或者资助企业家进行产品开发或者市场研究的富人。人们之所以形象地称之为"天使"，是因为他们为创业者提供了难得的"第一笔"资金。

（4）风险投资公司融资

风险投资公司是创业资本的拥有者，他将创业资本作为权益资本投入新创企业，协助创业者并与之共同承担企业初创时的高风险。

新创企业向风险投资公司融资时，除了可以获得所需资金以外，还可以获得一些其他服务，如新创企业获得风险投资公司提供的管理咨询服务和专业人才中介；风险投资公司参与董事会协助解决重大经营决策，并向创新企业提供法律与公关咨询；创新企业可利用风险投资公司的关系网络，获得技术咨询和技术引进的渠道，并有可能发现有潜力的供应商和购买者；创新企业在风险投资公司的协助下，有可能进行资产重组、企业并购以及上市等操作。

（5）企业创业资金融资

企业创业资金是指非专业从事创业投资的企业所做的创业投资。通常人们把企业创业资金称为企业资金计划或金融界企业的子公司向目标企业"直接投资"。这种投资载体努力寻找合适的投资机会，使投资项目适合于母公司的技术或市场战略，或者使其建立起协作关系或节约成本。

（6）银行借贷

①填写居民住房抵押申请书，并提交银行下列证明材料：身份证、户口本、婚姻证明、房产证等质押物品所有权证件、银行流水单。

②银行对借款人的贷款申请、购房合同、协议及有关材料进行审查。

③借款人将抵押房产的房产证等与银行办理抵押登记手续。

④借贷双方担保人签订住房等抵押贷款合同并进行公证。

⑤贷款合同签订并经公证后，银行对借贷人的存款和贷款通过转账划入相关账户内，贷款流程结束。

（7）国家资金扶持

①相关优惠。凡自主创业并正常经营6个月以上的高校毕业生可申请一次性创业补助3 000元；高校毕业生在见习期间，生活补助标准原则上按所在地最低工资标准发放。以上两项政策，高校毕业生可任选一项，不可同时享受。

登记失业的高校毕业生自主创业，取得营业执照并正常经营6个月以上的，可向创业所在地劳动保障机构申请一次性创业补助，补助标准每人3 000元。申请创业补助资金需本人持身份证及复印件、《就业失业登记证》及复印件、高校毕业证书及复印件、《营业执照》及复印件、填写《高校毕业生创业补助申请表》，向街道劳动保障机构提出申请，经街道劳动保障机构核实、汇总，填写《高校毕业生创业补助审核认定表》《申请创业补助人员花名册》，经人事劳动保障部门审核、财政部门复核后，将资金支付给申请者本人。

②大学生创业资金申领程序如下：高校毕业生（含大学专科、大学本科、研究生）从事个体经营的，自批准经营日起，1年内免交个体户登记注册费、个体户管理费、经济合同示范文本工本费等。此外，如果成立非正规企业，只需到所在区县街道进行登记，即可免税3年。

自主创业的大学生，向银行申请开业贷款担保额度最高为7万元，并享受贷款贴息。

上海市设立了专门针对应届大学毕业生的创业教育培训中心，免费为大学生提供项目风险评估和指导，帮助大学生更好地把握市场机会。

③审核条件。大学生创业需要注意以下几个问题。

一是要有成熟的心理准备，这样更适合创业；二是不要迷信自有创意项目，或者自己持有的专利技术或成果，而是要进行充分的市场研究；三是不要想"一口吃个胖子"，要有一个平稳的创业心态；四是大学生创业最好不要单打独斗，最好合伙创业。

④银行对贷款申请者的要求。

a.年满18周岁，具有合法有效身份证明和贷款行所在地合法居住证明，有固定的住所或营业场所。

b.持有工商行政管理机关核发的营业执照及相关行业的经营许可证，从事正当的生产经营活动，有稳定的收入和还本付息的能力。

c.借款人投资项目已有一定的自有资金。

d.贷款用途符合国家有关法律和本行信贷政策规定，不允许用于股本权益性投资。

e.在本行开立结算账户，营业收入经过本行结算。

⑤贷款申请者需提供的申请资料。

a.借款人及配偶身份证件（包括居民身份证、户口簿或其他有效居住证原件）和婚姻状况证明。

b.个人或家庭收入及财产状况等还款能力证明文件。

c.营业执照及相关行业的经营许可证，贷款用途中的相关协议、合同或其他资料。

d.担保材料：抵押品或质押品的权属凭证和清单，有权处分人同意抵(质)押的证明，银行认可的评估部门出具的抵（质）押物估价所报告。

⑥其他融资方式。除银行质押借贷外，现在还有很多中小型借贷公司，提供无质押借

贷。手续简单，时间短，不过借贷利率高，月息达1%，年息达10%，最高贷款时间为5年，利息从贷款本金里直接扣除。到期还本即可。目前，网上提供创业咨询、资金借贷的公司很多。

9.3.3 创业资本的风险控制

创业投资之所以被称为风险投资，是因为在特定的环境中和特定的时期内基于复杂性与变动性的原因，使实际结果和预期结果可能不一致而导致利益损失。

创业投资的风险在很大程度上与其投资于高科技产业有关，因为在高科技产业化的过程中，除了具有传统技术产业化中存在的技术风险和市场风险外，还体现在其本身更新快、可能不成熟等特征上。高技术产业化具有高风险性，其成功的可能性比一般技术创新低得多。

创业都有风险。把风险降到最低是每个创业者的追求，也是大学生创业者在开展创业活动之前需要注意的重要方面。降低创业风险需要注意以下7点。

①创业前需要对产业市场环境进行综合了解。

②创业就是创新的行业。

③创业必须做好长期作战准备。

④因小本而创业，误认"本小利丰"，终有"入错行"。

⑤因失业而创业，宜谋定而启动，计划性创业比被迫性创业成功率高。

⑥乌托邦式创业，没有经验，自我摸索，流于理论，不切实际。

⑦创业角色冲突，领薪水付薪水，角色冲突未调适，不谙分工授权。

9.3.4 大学生创业者筹集资金的注意事项

1）积极参与创业竞赛，将知识化为技术资本

大学生创业者虽然资金缺乏，人脉有限。但校园和民间组织举办的各种低门槛的创业设计竞赛、创意竞赛正是提供给大学生创业者的一个重要平台。大学生创业者通过参加竞赛，可以宣传项目，提高知名度，将知识快速转化成技术资本。

2）谨慎对待新兴融资方式，不忘创业初心

在网络生活逐渐成为生活主流的当今时代，各种各样的网络融资方式也层出不穷，操作简便、传播高效、融资迅速等突出优点更是让网络融资迅速为大学生创业者所接纳。特别是像"众筹"这类融资方式很容易让筹资经验甚少，理财经验不足的大学生创业者产生一种"来钱快，来钱多"的错觉，更有甚者会被这种激进的获利错觉所诱惑，进而走上"为赚钱而筹钱"的歧途，而原本承诺投资人的责任感，最初承载梦想的创业项目却早已抛之脑后。当短暂的既得利益消耗殆尽，发现自己是竹篮打水一场空时，已是耗费了创业机会，耗尽了自身可信度，想要从头再来为时已晚。

项目 ⑩

创业计划书的撰写

【任务描述】

人生如行船，有规划的称为航行，没有规划那称为飘荡。要创业，一份切实可行的创业计划书必不可少。创业计划书是创业者建立创业大厦的"蓝图"，一份科学合理的创业计划书是创业者的坚实基础。

【任务分析】

通过老师指导和活动训练了解如何着手制订创业计划书，解决撰写创业计划书的难点，学会撰写一份合乎自己实际情况的创业计划书。

10.1　认识创业计划书

10.1.1　创业计划书的基本要素

大学生创业计划书是将有关创业的想法，用书面形式表达出来，让别人了解你的创业想法，了解你的创业项目的前景，以便对你的创业项目的态度，资助或投资你的创业项目。同时，做出一份完整的创业计划书，也是对自己创业的指导，使自己的创业不是一时冲动，而是有目标、有步骤、有方法、有可行性的理性的决定。自己要随时对照自己的创业计划书，检查自己各阶段任务的完成情况，提醒自己不断努力，完成创业计划。大学生创业计划书的质量好坏，往往会直接影响创业发起人能否找到合作伙伴、获得资金及其他政策的支持等。

一份好的创业计划书要能抓住最基本的问题和核心，解决做什么、怎么做的问题。一般来说，创业计划书应包括创业项目、市场状况、创业条件、实施方案、创业目标、风险防范等要素。

1）创业项目

创业计划书要能清楚的说明创业的项目，要解决做什么的问题。要让自己和他人知道自己要做什么，要提供什么产品或服务以及产品或服务的特色。对自己要提供的产品或服务有一个具体的、明白的、形象的描述，对于产品或服务的性能、质量、规格、特色、市场竞争能力要简明扼要的进行描述，对项目实施的投入和利润要进行详细描述。

2）市场状况

创业计划书要对创业项目进行市场分析，要解决能否做的问题。创业计划书要对创业项目的市场需求、消费者对象、市场前景、市场竞争状况等有充分的分析。对创业项目要提供的产品或服务的市场供给量、需求量、供需对比有足够的描述。对自己的产品或服务的目标顾客的状况、性别、年龄、购买力等要有充分的描述。最重要的是要将自己的产品或服务的市场竞争优势充分地体现出来，要展示创业项目的可盈利性和发展前景。

3）创业条件

创业计划书要描述创业者具备的创业能力和创业条件，包括创业者的能力、资金、技术、创业团队等。要表明创业者和团队有实施项目的能力，有实施项目的资金或能筹集到实施项目的资金，实施项目具备相应的技术条件。

4）实施方案

创业计划书要有实施项目的具体方案，解决如何做的问题。这是创业计划书的重点，包括市场调研方案、资金筹集措施、创业团队及组建、创业机构设立、人员培训、产品（服务）的制造提供、营销、管理等。

5）创业目标

创业计划书要充分说明创业项目实施能产生的效益。要用充分的数据说明创业项目实施后能带来的经济效益、社会效益。还要表明创业项目的短期、中期、长期发展目标。

6）风险及防范

创业计划书要对项目实施过程中可能存在的风险有充分的预测，包括市场风险、政策风险、管理风险、技术风险等都要有充分的预测，同时要对如何防范这些风险有切实可行的预防措施。

10.1.2 创业计划书的主要内容

创业计划书的内容应尽量详尽，具有可操作性。总体来说，一份好的创业计划书应该包括以下内容。

1）封面和目录

封面的设计要有美观性和艺术性，一个好的封面会使阅读者产生最初的好感，形成良好的第一印象。目录把创业计划书的条目以及相应内容所在页码编写在一起，让人一看就对创业计划书的主要内容有一个总体的了解，大概知道你的创业计划书主要写了什么内容。

2）计划摘要

计划摘要有时也称为执行总结，是浓缩了的创业计划书的精华。计划摘要涵盖了计划的要点，它用最简练的文字将创业计划书的精华和要点集中展示出来，让人一看就对创业计划书一目了然，使人能在最短的时间内了解创业计划书并对创业计划书的优劣作出初步判断。

3）项目介绍

项目介绍是创业计划书的必要内容。项目介绍就是对创业项目的介绍。让人知道你创业的项目是什么，项目提供的产品或服务是什么，项目有什么独特性，项目有没有可行性，项目有没有前景。项目介绍经常与产品和服务介绍放在一起，也可以分开进行。

4）市场分析

市场分析是创业计划书的重要内容之一。市场分析要对项目提供的产品或服务的市场竞争状况、市场供求状况、市场发展趋势、市场发展方向、市场价格、销售总额、利润水平、市场政策、市场障碍、竞争对象、市场服务对象等进行详细调查和分析。通过市场分析让自己明确自己的创业项目在市场竞争中的优势和劣势，找到自己的创业项目在市场中的切入点，明确自己的产品或服务的目标顾客以及如何发展巩固目标顾客，最终给自己的产品或服务确定合理的定价，以获得自己的产品或服务的必要市场份额，使创业项目能获得必要利润和发展前景。通过市场分析，也让别人对自己的创业项目的盈利能力和前景有信心，争取获得支持。

5）产品或服务介绍

产品或服务介绍是创业计划书的核心内容。它让人们知道你的创业项目将为社会提供什么产品或服务，你提供的产品或服务有什么特殊性，你提供的产品或服务有什么性能和功能，你提供的产品或服务的价格，你提供的产品或服务如何生产和提供，你提供的产品或服务的盈利能力和市场前景等。

6）创业团队及组织

创业团队及组织是创业计划书的又一个重要内容。通过创业团队及组织的介绍，让人们了解创业者具有什么创业能力、有什么创业经验、有什么创业条件。让人们了解创业者将要设立什么样的创业机构，创业组织如何选址，创业组织如何设立，创业组织的规模大小。让人们了解如何进行创业团队建设，如何培训职员，如何进行人力、财务、生产服务管理。

7）营销策略

营销策略也是创业计划书的重要内容。营销策略是实现创业目标的重要手段。任何产品或服务如果没有好的营销策略就是再好也不可能销售出去。当今市场是品牌市场，这和商品短缺时代完全不一样，商品短缺时代是卖方市场，只要有产品，不愁销售，而现在是供给过剩时代，是买方市场，消费者有众多的选择，在供给过剩时代，品牌效应突出，没有好的品牌，几乎无法立足。所谓"皇帝的女儿不愁嫁"就是品牌效应，所谓"酒香不怕巷子深"也是通过长期有效的营销获得的品牌效应，新创业项目的产品或服务开始是不会具备品牌优势的。所以创业者要在充分市场调研的基础上，根据自己的产品和服务的实际针对目标市场、目标顾客的特点建立优秀的营销队伍、选择合适的营销渠道、制订有效的促销计划和广告策略，确定合适的产品或服务的价格，制订高效的营销策略。这样，通过高效的营销策略，逐渐创立自己的品牌，维护自己的品牌，就能在激烈的市场竞争中生存下来、发展起来。

8）产品或服务提供计划

产品或服务提供计划是创业计划书的中心内容。创业计划书必须对产品如何生产或服务如何提供制订详细的计划。要让人们知道你的产品是如何生产出来的，服务是如何提供的，生产的技术、设备等条件如何，如何进行质量控制，如何进行新产品研发，服务的设备、服务的流程、服务的规范如何等。

9）财务分析

财务分析是创业计划书的必要内容。创业计划书要有详细的财务规划，通过财务规划让人们了解创业项目的融资方案、财务管理、利润分配、财务制度等内容。

10）风险与风险管理

风险与风险管理是创业计划书不可缺少的内容。创业计划书对项目实施的市场风险、环境风险、政策风险、资金风险、技术风险等要有预测和相应的防范措施。

10.2 创业计划书的写作

10.2.1 创业计划书的写作要求

创业计划书的写作是一项复杂而艰巨的工作，它要在创业者充分调查研究的基础上进行全面的思考，将创业计划用文字的方式展示出来，它是对创业者自己创业活动的指导，也是创业者给别人的一个创业详细介绍，是争取别人支持的一份创业宣言。创业计划书的写作一般经过准备阶段，资料整理阶段，拟订创业计划书纲要、草拟初步创业计划书阶段，修改完善阶段，创业计划书定稿阶段。

创业计划书编写的目的是为创业融资、宣传提供依据，同时作为创业实施的规划方案。因此，创业计划书的编写除了要尽可能地展现创业项目的前景及收益水平外，还要展现出创业项目的可实现性。

在编写创业计划书时，应遵循正确的方法。

第一，做好工作计划，使创业计划书的写作过程有条不紊。

第二，要始终围绕创业项目的中心展开，将重点放在市场分析、产品服务的营销介绍，以及创业项目的发展盈利能力等上面。

第三，要充分寻求外部有关人员的指导与协助。

第四，在不断修改补充中完善创业计划。一般来说，最终形成的创业计划的正式文本与创业计划草案可能相差很大，有的甚至面目全非。

第五，要针对创业计划书的目标读者，设置计划项目的不同侧重点。综合评判者注重创业计划书的整体；投资人对创业计划中的市场增长及盈利性感兴趣；主要客户关心产品或服务；战略伙伴关心盈利及管理团队的运作能力；员工则主要想知道创业项目今后的发展前景。

10.2.2　创业计划书写作的注意事项

创业计划书要重点突出、注重实效。每一份创业计划书都应有自己独特的个性，要突出每一个创业项目的独特优势及竞争力。另外，要注意创业计划书中所使用资料的时效，制订周期长的创业计划应及时更新有关资料依据。

产品服务描述使用专业化语言；财务分析要形象直观，尽可能地采用图标描述；战略、市场分析、营销策略、创业团队要使用管理学术语，尽可能地做到规范化、科学化。

创业计划内容多，涉及面广，因此，要求创业小组分工完成，但应由组长统一协调定稿，以免出现创业计划零散、不连贯、文风相异等问题。

创业计划要详略得当、突出优势，机密部分要有策略，以防泄密。

10.2.3　创业计划书的写作步骤

1）准备阶段的工作

创业计划书的编写涉及的内容较多，因而制订创业计划书前必须进行周密安排。主要有以下一些准备工作：

①确定创业计划的目的与宗旨。
②组成创业计划书编写小组。
③制订创业计划书编写计划。
④确定创业计划书的总体框架。
⑤制订创业计划书编写的日程安排与人员分工。

2）资料准备阶段

以创业计划书总体框架为指导，针对创业目的与宗旨，搜寻充足的资料。包括创业项目所在行业的发展趋势、产品市场信息、产品测试、实验资料、竞争对手信息、同类企业组织机构状况、同类企业财务报表等。资料调查可分为实地调查与收集二手资料两种方法。实地调查可以得到创业所需的一手真实资料，但时间及费用耗费较大；收集二手资料较易，但可靠性较差。创业者可根据需要灵活采用资料调查方法。

3）创业计划书的形成

创业计划书的形成阶段要完成以下几项任务。
（1）拟订创业计划书纲要
主要将创业计划书的概要列举清楚。
（2）草拟初步创业计划书
依据纲要，对创业项目的市场竞争及销售、组织与管理、技术与工艺、财务计划、融资方案以及风险分析等内容进行全面编写，初步形成较为完整的创业计划书草案。

（3）修改完善阶段

创业计划小组在这一阶段要对创业计划书中涉及的内容进行广泛调查并征求多方意见，特别是听取创业指导专家的意见，进而对创业计划书进行修改完善。

（4）创业计划书定稿

将修改完善的创业计划书进行定稿，并印制成正式创业计划书文本。

10.2.4　创业计划书的制作

1）制作封面和目录

封面设计不是创业计划书的主要内容，但也需认真制作。封面的设计要有美观性和艺术性，最好与创业项目有关联。一个好的封面会使阅读者产生最初的好感，形成良好的第一印象。

目录就是将创业计划书的条目以及相应内容所在页码编写在一起，让人一看就对创业计划书的主要内容有一个总体的了解，知道你的创业计划书主要写了什么内容。目录一般要求标注到二级条目或更细的条目。

2）编写计划摘要（执行总结）

计划摘要经常又称为执行总结。如前所述，计划摘要是浓缩了的创业计划书的精华，涵盖了创业计划书的要点。它可以让阅读者在最短的时间内了解创业计划书并作出判断。计划摘要一般包括以下内容：

创业背景和宗旨：简要写明创业设想是在什么情况下提出的。在一个什么样的背景下，创业者发现消费的需求和供给的矛盾状况，进而进行创业思考，经过充分的调研，最终提出创业设想并确定创业宗旨。

项目简介：写明创业项目名称，市场现状综述和项目发展前景。重点要写明创业项目将能解决某一方面的市场需求，填补市场的空白或能提供更新、更好的服务。

主要产品或服务介绍：写明创业项目提供的产品或服务的名称功能以及稀缺性或独特性。

市场概貌：对创业项目提供的产品或服务的总体市场需求以及目标顾客简要概述。

产品生产或服务提供条件：简要写明实施项目的资金条件、技术条件、有何创新。

效益概述：写明实施创业项目可以带来的经济效益、社会效益、生态效益等。

摘要要尽量简明、生动。特别要说明项目的不同之处以及项目能获取的成功，获得的利益。

3）编写项目介绍

要对项目进行详细的介绍。说明项目的名称、特色，项目将提供的产品或服务。产品或服务正处于什么样的发展阶段？它的独特性怎样？

在项目介绍部分，主要要表明创业项目以及项目提出的依据，市场供求的依据、技术条件的依据、资金准备的依据、发展前景的依据等。

市场供求依据主要要表明项目能填补某个市场空白或能提供现有产品或服务不能满足

的产品或服务。

技术依据主要要表明创业项目具有可实现的技术条件或具有领先的技术，技术的发展前景良好。关键要清楚地让人知道创业项目的技术是先进的、是成熟的、是可行的、是符合产业发展政策的、是有发展前景的。

资金准备依据主要要写明创业项目资金需求、创业者自有资金以及能通过什么方法筹集到必要资金。资金需求要合理，有科学充分的分析，资金筹集要可行，保证项目实施顺利进行。

发展前景的描述要客观，要有充分的论证，要有各个发展阶段的具体发展计划和目标。根本的在于对发展前景的描述要可信。

4）编写市场分析

市场分析是创业计划书的重要内容之一。在市场分析中，应该正确评价所选项目的市场供给和需求状况、竞争状况以及未来的发展趋势等内容。在市场分析部分，主要包括以下内容：

①创业项目所在行业当前发展程度、发展动态趋势。要写明通过什么样的调查方法和分析方法进行市场调研和分析；要写明根据的资料和材料的来源；要写明创业项目所在行业的社会总需求、总供给、销售总额、价格及价格趋势、利润水平。要写明供给和需求之间存在的矛盾。还要写明创业项目所在行业最新发展方向和最新业态。

②创业项目所在行业的市场准入条件，创业项目将如何进入市场。要写明市场准入的条件，包括资金、技术、组织形式、进入方式和程序；要写明创业者通过什么样的方式方法使自己具备市场准入的条件。

③经济社会发展对该行业的影响程度、该行业的政策支持状况。要写明行业发展政策是支持鼓励还是限制发展；要写明创业项目是否符合关联产业行业的发展；要写明人们生活变化发展趋势引起的需求发展变化趋势以及创业项目是否符合需求发展要求。

④要根据市场调研和分析预测找到决定该行业发展的最主要因素，创业项目如何使自己具备发展的条件，顺利发展。

⑤竞争分析。自己的创业项目的竞争优势是什么？创业项目采取什么样的方式取得竞争的成功。

竞争分析是市场分析的重点。

要写明竞争对象综述。要在市场调研的基础上，对创业项目的竞争对象进行梳理。说明创业项目所在行业的发展状况，指出创业项目的主要竞争对象及这些竞争对象的主要优势和不足之处。在此，要求把市场细分状况和市场份额的状况描述清楚，确定市场竞争的程度，掌握竞争对象的优势，找到竞争对象的不足，找到市场的空白，以便根据这些分析来找到创业项目进入市场的切入点。

根据市场细分的调研和市场份额的分析，来确定创业项目的目标顾客和目标市场。在充分的市场调研分析的基础上，了解竞争对象的总体状况，对竞争对象的优势和余留的市场空白有了充分的了解，这时，创业者就容易找到市场的切入点，找到创业项目的目标市场，避免跟竞争对象雷同。接下来，要根据目标市场来确定创业项目的目标顾客。在此，要求将目标顾客的状况描述清楚，包括目标顾客的年龄结构、性别结构、职业结构、收入状况、消费能力、消费倾向、消费要求、消费习惯等。目标市场和目标顾客的分析非常重要，它将为以后的营销和定价产生决定性的影响，它表明了创业项目能否具有生存和发展的市场空间。

根据目标市场和目标顾客，要对创业项目的产品或服务进行市场定位。根据市场分析，找到了自己的创业项目的市场切入点，将自己的创业项目的市场定位确定清楚，表明创业项目的市场定位在何处。市场定位是根据综合分析得出的，一定要有发展的空间、要有足够的市场份额、足够的顾客群体、足够的发展前景。市场定位太高，创业者的资金、技术、营销经验无法达到；市场定位太低，创业项目发展动力不足、发展前景有受限，这都会影响创业活动的成败。

市场分析是创业计划书的重点，要求必须客观真实可信。市场调查方法和分析方法必须是科学的、先进的、被社会认同的方法；市场资料必须翔实，要用客观真实的数据说话、用充分的资料说话。市场分析切忌出现资料过时、资料虚假、数据虚假，切忌假、大、空。

5）编写产品或服务介绍

产品或服务介绍可以与项目介绍放在一起，也可以单独构成。

要说明主要产品或服务的概念、性能及特性。关键要表明能满足什么样的市场需求，这个市场有多大、发展前景如何。

要说明产品或服务的市场竞争力。要突出表形创业项目的产品或服务与现有产品或服务比较的特色在什么地方，包括功能性能的优势、成本的优势、价格的优势、创新的优势、技术的优势、服务方式的优势、符合潮流的优势等。最终凸显创业项目在市场竞争中具有的优势。

创业计划书还要写明产品或服务的研究和开发过程；发展新产品或服务的计划和成本分析。

要写明产品或服务的市场前景预测。要把创业项目的产品或服务的优势和前面的市场分析结合起来，以充分的力度说明创业项目产品或服务有好的发展前景。

如果创业项目产品或服务有专利的，要将专利简要进行介绍。进行专利介绍要把握度，防止泄密。一般说明专利证书颁发机构、专利证号、专利名称、专利权人、专利类型、专利期限即可。

要把自己创业项目的产品或服务的特色描述清晰，表明创业项目的产品或服务在质量、价格上具有优势或在目标顾客上具有优势，或者产品服务具有填补竞争对象空白的地位。随着社会的发展，普遍存在一般供给过剩的情况，如果将自己的创业项目选择在一般水平上，没有特色、没有创新，创业几乎不可能成功。

在产品或服务介绍部分，创业者要对产品或服务作出详细准确的说明，说明也要通俗易懂，使不是专业人员的投资者、消费者也能明白。如有可能，产品介绍要附上产品原型、照片或其他介绍，服务要介绍完整的服务流程和服务产生的效果。

6）编写创业者（团队）及组织

该部分要包括创业者（团队）介绍，创业组织设立、管理，发展规划等内容。有时这三个部分可以分别独立编写。

创业者（团队）是创业活动的主体。在创业计划书中，要对创业者（团队）进行介绍。创业者（团队）介绍要写明创业者（团队）姓名、性别、年龄、学历、实践经验、职业经历、创业经历、家庭背景、社会关系等内容，特别要突出创业者（团队）具有的与创业项目相关的学习或实践背景。目的在于要表明创业者（团队）具备创业的能力、技术、资金条件，能胜任创业任务。

创业组织是创业的机构，在创业计划书中要编写创业组织的相关内容。

如果创业组织已经设立了的，直接介绍创业组织的名称、地址、登记注册机关、注册资本、法定代表人、股份构成、资金状况、主要经营内容、经营业绩、销售收入、利润总额、管理团队、员工多少等。

如果创业组织还未设立，则要写明设立创业组织的计划方案。

第一，要有一个拟定名称（最终以工商登记机关核准为准），拟定名称要了解相关法律要求，不得违反法律规定，忌出现法律规定不能使用的名称。

第二，要进行选址，选址既要符合产业政策，又要满足经营发展需要，生产加工类企业选址要符合产业布局的政策和要求，服务类企业选址则要充分考虑市场布局、人流数量、交通便利等条件，要说明为何选择这样的地址和选择的依据。

第三，要按照相关法律和登记机关要求写明注册资金、股份构成、股东投资协议、公司章程。在此注意，股东协议和公司章程是设立公司的必要条件，特别是公司章程就是公司的"宪法"，非常重要，但股东协议和公司章程内容多，篇幅大，在创业计划书中可以略写或作为附件。

第四，要写明公司项目能通过环境影响评估以及其他设立要求。环境影响评估是公司设立的基本要求，都要通过环境影响评估才能设立。有些行业还要取得相关经营许可、相关资质，如果公司涉及的，要写明已经取得或能取得的许可或相关资质。

第五，要写明设立的程序和计划。要将选址、验资、签订投资协议、制定公司章程、获得相关审批和资质、进行等级注册等工作写出详细的进度计划，能按照计划实施公司设立工作。

创业组织的经营管理是创业计划书要写明的内容，在创业活动中，存在着创业团队建设、人力资源管理、技术管理、财务管理、操作管理、产品服务管理等。

在创业计划书中，要简要介绍创业组织的组织结构，包括组织的机构图；各部门的功能与责任；各部门的负责人及主要成员；组织的报酬体系；组织主要人员名单；组织主要领导成员；各位成员的背景资料。

在创业计划书中，要简要介绍创业组织的各项管理制度。包括考勤制度、奖惩制度、安全制度、招聘制度、辞退制度、培训制度、财务制度、分配制度、生产管理制度、质量管理制度、服务流程制度等。创业组织管理制度涉及面广、内容众多，在创业计划书中可以进行重要制度简要介绍，其他内容可以省略或在附件中体现。

在这一部分的内容中，还应对创业组织的发展战略进行规划。发展规划要尽量详细，一般可分为短期规划、中期规划和长期规划。短期规划一般为1~3年，中期规划为4~6年，长期规划为7~10年。每一个规划期中要明确每一年的发展目标、具体措施，要表明通过什么样的方式达到什么样的目标，方式方法要切实可行，目标要明确具体，包括销售总额、利润、达到什么样的市场地位、品牌建设等，也要包括每一年的利润分配、投资回报、规模扩大计划。通过公司发展规划的描述，要让人们对创业项目的发展充满信心。但是发展规划一定要切实可行、没有漏洞，不能让人一看就发现无法实现。发展规划绝对不是创业者一时心血来潮的狂想，而是基于理性分析和充分论证的可以实现的发展计划，必须经过充分的调查、科学的分析、严格的论证。每一个阶段的发展规划都要有调查资料、分析方法、结论论证过程。

7）编写营销策略

如前所述，营销策略对于实现创业目标极为重要。因此，创业计划书要详细说明营销的策略。

（1）营销机构

要组建有特色的能胜任推广自己产品或服务的营销机构，确定营销机构在创业组织中的合理地位，配备相应的保障，投入必要的资金。营销机构最好由创业组织自己建立，也可在市场上选择专业的营销机构作为代理进行营销，这要根据创业项目的实际情况决定。如果项目产品或服务没有太多的商业秘密，将营销外包给有专业经验的市场营销机构是可行的，效率和效益也都会比较高。但如果创业项目产品服务有比较重要的商业秘密，则不适合采用外包形式。

（2）营销渠道的选择

随着市场的发展，市场营销渠道越来越多，具体选择什么样的营销渠道要根据自己的产品或服务的特点选择。创业计划书要说明自己的产品或服务在当前市场上主要有哪些销售渠道，表明自己选择什么样的营销渠道，要说明选择这样的渠道的依据，说明这样的营销渠道的优势及好处，说明这样的营销渠道的推广效果，同时简要说明为什么不选择其他的营销渠道。创业计划书如果能提出创新的销售渠道，就应该作重点说明，将创新的渠道和方法以及能带来的销售效果进行充分的说明，使之成为创业计划书的亮点。

（3）营销队伍和管理

营销在经营中具有极其重要的地位。营销队伍既决定销售的数量也可以决定经营的风险，所以必须要有科学的、人性的管理制度对营销队伍进行管理。创业计划书要写明营销人员选拔培训的方式，从源头和培养上组建优秀的营销队伍；创业计划书要写明营销队伍的规模，明确营销队伍的职责、划分好营销队伍的业务区域；创业计划书要有营销业绩奖惩的制度，调动营销人员的潜能；创业计划书可以简要介绍主要营销成员的营销经验能力、以往成绩，以增加人们对创业项目的信心。在编写营销队伍管理部分的内容时，要注意是否适合自己的产品或服务，并不是越高大上越好，要充分考虑创业之初的成本。

（4）促销计划和广告策略

要根据产品或服务以及目标市场和目标顾客制订合适的促销计划和广告策略，广告的投放一定要注重效益，要把近期效益和长远效益、社会效益和经济效益结合起来，要根据资金状况切实可行，要充分利用各种新兴渠道有特色地进行广告宣传。在这一部分中，要具体写明产品和服务的促销计划，用什么样的手段进行促销，促销手段方法的选择一定要合理可信，要充分考虑成本、自己的实力，要注意遵守有关反不正当竞争法律法规。对于广告推广的选择要具体确定选择什么样的媒体进行广告推广，说明选择的依据、说明这样选择的成本效益。

（5）价格决策

营销的最终效果是由价格决定的，可以说，产品或服务的价格定位决定创业成败。要根据产品或服务的成本、特色、稀缺性以及目标顾客的消费能力、消费习惯确定合理的价格。在创业计划书中，要明确自己的产品或服务的价格，在不影响商业秘密的情况下，充分说明定价的依据。创业者在定价前，要充分了解市场价格情况、市场供给需求情况、消费者的接受能力、消费者的价格预期，确定合理的价格，使自己的产品或服务能有一个相对稳定的价格，要知道，价格的剧烈波动对自己的产品或服务的信誉有非常大的影响。创业计划书对自己的产品或服务的价格变动要有策略，当市场发生变化必须进行价格调整时一定要有充分的理由，把价格变动对自己的产品或服务的消极影响降到最低，甚至产生积极的影响。

8）编写产品生产或服务提供计划

创业计划书要对提供的产品的生产或服务的形成制订详细的计划，就是要充分说明你的产品是如何生产出来的，你的服务是如何提供的。

创业计划书要写明产品生产需要的设备技术。有什么技术、技术是否成熟、技术的具体描述；需要什么设备、设备的先进程度、设备的价格、获得设备是否便利、设备的使用、设备的维修是否方便、设备使用的成本、设备的寿命等。如果自己有创新的技术，要重点进行描述，在不影响机密的前提下全面对自己的新技术进行介绍，主要围绕新技术的效率、使用新技术的质量提高、新技术的成本优势、新技术的环保优势等进行具体描述，在此，要采用对比方法，将自己的新技术和传统技术进行比较，突出新技术的优势。

创业计划书要写明产品的生产流程。重点从各个生产环节进行描述。包括原材料采购、原材料价格以及价格趋势、原材料获得的难易程度、生产环节的成本控制、安全保证、质量控制、成品检验等。要突出自己的生产流程可以获得优质的产品。在此，要充分说明质量控制的制度和规范，让人们相信你的企业确实能生产出优质的产品。

如果是服务行业，则要写明服务流程，写明每一个阶段的具体要求和质量标准。对包括设备、材料、服务人员、服务规范、服务效果评价等要有具体的数据要求，要能保证最终的服务质量。要从服务使用的设备、材料、服务的规范、流程、效果等各个方面充分展示出自己提供的服务与传统服务的差别，体现出自己的服务特色。除了要充分展示自己使用的设备材料的优势外，还要充分说明服务质量保证的相关规范，让人们相信你能提供有质量保证的规范的安全的服务。

在产品和服务提供计划部分，要有初步的成本利润核算，写明相应的设备材料消耗、资金需求和保障、成本回收周期等内容。

在该部分，还要写明技术改进升级、服务改进升级、新产品新服务开发计划，要写明质量控制、质量改进计划。市场需求永远都在提高，要不断地进行市场供给与需求的调查，时时掌握市场的发展动向，及时调整生产和服务，使自己的产品或服务始终保持先进，始终符合市场的需求。因此，在该部分，要有定期的市场调研规划、要有定期的市场分析计划，多长时间进行一次市场调研分析，必须有明确的计划。

9）编写财务分析

创业计划书要有详细的财务分析，财务分析包括以下几个方面的内容。

（1）资金筹集

要写明实施创业项目所需要的资金量，自有资金和需要筹集的资金。对需要筹集的资金，要写明筹集数量、筹集方式、筹集时间以及投资回报。投资回报也可以在利润分配部分进行详细描述。

（2）财务管理

财务管理是一个企业的核心工作之一，因此，创业计划书必须对财务管理进行详细的描述。有时财务管理可以单独作为一个条目进行描述。财务管理部分主要写明财务管理的各项制度，这些财务制度内容比较多，可以附件的形式列出。

（3）盈利与分配分析

在创业计划书的财务分析部分，重点是要进行盈利与利润分配的分析。

盈利分析主要进行销售分析预测、成本分析、利润分析、收支分析、分配方案、投资回报分析、销售趋势分析等。销售分析预测要写明一定时期的预计销售总额；成本分析要写明企业的各项成本，包括人工成本、原材料成本、设备损耗成本、管理成本和其他成本；利润分析要根据销售额和成本测算出一定时期的利润总额、利润率并确定多少利润可以用于投资回报分配，多少利润用于企业积累和扩大规模；投资分配主要写明利润分配的方案和分配的比例以及分配的期间、投资回报率、收回投资的期限等；收支分析主要写明创业项目实施中能达到收支平衡，这要通过各种财务会计报表反映；最后还要根据各个时期的销售情况进行销售趋势预测，要让别人看到创业项目的销售情况是趋向于好的方向发展的。

10）编写风险与风险管理

创业计划书对项目实施的风险要有预测和相应的防范措施。

创业计划书首先要说明创业项目的发展机遇。根据产业发展政策、经济社会发展方向、产业发展趋势、技术进步趋势、收入提高、消费升级、消费观念变化、消费发展趋势、技术进步、成本变化等指出创业项目的发展机遇；要根据之前的各种分析明确创业项目有良好的发展前景。

　　然后逐一将创业项目在发展过程中可能遇到的挑战与风险进行分析和预测。还要针对风险与挑战提出应对的措施和预案。创业计划书一般要对以下风险进行预测和提出应对措施。

　　政策风险及应对：随着经济社会的发展和国内国际局势的发展变化，一个国家的政策会相应的进行调整变化，从而对企业的经营活动产生影响，这是一种企业发展的潜在风险，应对不当就会造成企业发展的巨大损失，甚至灾难性的后果。创业计划书要根据自己的行业发展状况和现有的政策对可能出现的政策变化进行必要的预测，指出创业项目在实施和发展中可能出现的政策风险，列举出可能的政策风险。政策风险主要有产业政策变化风险，就是国家对某个产业发展是鼓励、支持还是限制、禁止，以及相应的税收政策、金融政策、融资政策、生态政策以及劳动者保护政策等的变化。对政策风险的应对措施：一般来说，应对政策风险的措施主要是及时关注经济社会发展动向，掌握经济社会发展趋势；及时了解国家政策法律，掌握国家产业政策；时时进行市场调查分析，掌握市场供求情况。并根据经济社会发展变化、国家政策变化、市场供求变化及时制订企业发展的调整方案，必要的时候要制订企业升级转型计划，及时进行升级或转型。

　　市场风险及应对：市场风险是创业项目实施和发展中可能遇到的最大风险。创业计划书要对创业项目实施和发展中的市场风险进行相应的预测。总的来说，创业项目的市场风险主要有：第一，市场是否接受的风险。就是创业项目提供的产品或服务，消费者是否接受以及接受需要的时间。创业项目要有一定的创新，相应的产品或服务也会与传统的产品或服务有一定的不同，这就会产生消费者是否接受和接受的时间问题。第二，竞争风险。竞争风险主要来自于竞争对象的发展变化、新的竞争者的加入等。原有的竞争对象在发展变化，他们也在采取各种各样的方法改进自己的产品或服务，提升自己的竞争能力，这些是创业者不可能在创业之初就能掌握的，这种不确定性是创业项目发展中的巨大风险。而当你的创业项目在实施中取得成绩时，由于其良好的效益，一定会吸引更多的人投资于这一领域，从而增加新的竞争者，使竞争更加激烈，这同样是创业项目发展中的风险。第三，成本变化风险。成本变化风险也是创业项目发展的重大风险。上下游产品或服务价格变化、能源价格变化、劳动力市场变化对企业的成本影响巨大，是创业项目发展中的巨大风险。对这些市场风险，创业计划书要作必要预测并制订应对措施，应对措施主要有及时进行市场调查研究，掌握市场供需状况并及时调整创业项目的规模和方向；及时了解国际国内重大事件，分析这些事件可能对经济发展和市场供求产生的影响，并制订应对措施；及时了解劳动力市场状况和国家人力资源政策变化，分析这些变化对劳动力企业人力资源成本的影响并制订应对措施。

　　内部管理风险：创业者创业之初，往往存在经验不足的问题，因此就存在管理风险。内部管理风险主要是由于经验不足造成的决策风险、市场预测风险以及规模扩大管理没跟上的风险等。可能由于经验问题，会导致决策时作出错误决定，市场分析时分析结论错误，随着企业规模扩大，可能会产生相应管理跟不上导致管理混乱，造成企业损失。针对这些风险，应对措施主要是在创业团队中要有具有相应经验的成员或聘请有经验的顾问或职业经理人。更主要的是企业要有相应的培训计划，加强对企业管理人员的培训，提高管理者的水平。

财务风险：在一个企业的发展过程中，都会存在财务风险。这些风险包括融资风险、资金不足风险、资金回收风险等。对这些风险，创业计划书要作必要的预测和应对。应对的措施主要是及时进行市场预测，掌握市场动向，及时调整销售方案，缩短资金回笼时间；与金融机构保持良好沟通，及时获取资金支持；加强财务管理，节约资金成本等。

技术风险：创业项目发展过程中，会伴随着技术升级、服务升级等带来的创新风险，还包括会有配套技术不确定的风险。对这些风险，创业计划书要进行必要的预测和应对。应对措施主要就是要建立创新团队，及时了解技术进步和服务升级的最新动向，及时进行质量提升、技术创新和服务升级。

10.2.5 创业计划书写作的总体要求

1）结构合理 主题明确

创业计划书的结构要合理，要明确主题，创业计划书严格来说是一份创业的规划，而不是具体的经营和管理制度，所以在创业计划书中要明确主题，要让人一看就知道创业者要干什么、有没有市场竞争优势、有没有能力干、怎么干、有没有效益。不能将过多的篇幅用在企业介绍、各种抽象制度上。

2）内容充实 重点突出

创业计划书内容要充实，切忌抽象描述。同时，创业计划书要突出重点，要将主要精力用在产品或服务的特色、竞争力、市场需求、盈利能力、发展前景、风险大小以及创业者具有的优势条件上。

3）论据充分 论证严谨

创业计划书最重要的就是有充足的、可信的客观资料，要有充分的论据来证实创业项目的可行性，同时利用客观资料进行论证的过程要有严谨的论证逻辑，要经得起严格的答辩，不能出现逻辑错误。

4）方法科学 分析规范

创业计划书要运用科学的方法进行规范的分析，要运用各种先进的分析方法和手段形象生动的展示创业项目特色、可行性、预期效益、发展前景等内容。在创业计划书中，有众多的市场调查、市场分析，在市场调查和市场分析中，要采用科学的、主流的方法，要经得起考验。

5）文字通畅 表述准确

创业计划书是创业者综合素质的体现，语言文字要通畅，表述要专业准确，否则会影响其可信度。

6）排版规范 装帧整齐

这是创业计划书的形式要求，也是创业者态度的一种体现。太差的排版装帧，会让人觉得创业者没有严谨的做事态度，比较随意，会影响创业计划书的可信度。

10.2.6　创业计划书的考核标准

创业计划书是创业者能力的综合反映，对创业计划书的考核也是一种综合分析和判断，很难用一个唯一的客观标准来进行考核，但在长期的实践中，也形成了一些基本的考核标准。特别是对大学生创业计划书的考核，由于相关部门长期开展相应工作，积累了比较丰富的经验，制订了一套基本的考核标准。

近年来，国家教育主管部门和相关单位共同举办的大学生创业设计大赛每年都要进行，而大学生创业设计大赛的一个主要比赛内容就是创业计划书设计大赛，在多年的研究和实践中，逐渐完善了创业计划书的评判标准。根据历年大学生创业设计大赛的评分标准，简要介绍创业计划书的考核内容。

1）对摘要（执行总结）部分的考核要求

摘要其实就是创业计划书的缩影，该部分的内容在大学生创业计划书中大约占5%的比例。

考核要求：能简明、扼要的概括整个计划，不能太过冗长，但又要能体现整个计划的核心内容，让人对整个创业计划书有一个整体性的了解；摘要要个性鲜明、有亮点，具有吸引力，使阅读者产生进一步了解整个创业计划书的强烈想法；摘要要具有有关创业的明确思路和目标，让阅读者一看就大概了解创业项目及发展前景；摘要要体现创业项目的创新性，突出体现创业计划书是创业者的原创并有自身特色，一定要防止直接从网络下载的抄袭行为，要体现创业者确实经过了创业思考和调查研究，确实有创业设想和行动。

2）对创业项目以及产品服务介绍部分的考核

在创业计划书考核中，这两个部分常结合进行考核，创业项目和产品服务介绍是创业计划书的重点内容之一。在大学生创业计划书设计大赛中大约占15%的比例。

考核要求：产品和服务的描述详细、清晰；体现产品和服务技术领先，且适应现有消费水平；对自己的技术发展前景判断合理、准确；突出体现自己的产品服务的特点及特色，表明创业项目有较高的商业价值；表明自己的产品服务有市场需求，市场需求分析合理。

3）对创业团队和创业组织部分的考核

创业团队是创业计划书考核的重点之一，占创业计划书考核比例的15%，创业组织（公司）占考核比例的10%。

考核要求：团队成员具有相关的教育及工作背景，体现创业团队的创业能力；创业团队成员能力互补且分工合理；创业团队成员具有一定经营管理经验。创业组织（公司）背景及现状介绍清楚；商业目的明确、合理；公司市场定位准确；形象设计及创业理念出色；全盘战略目标合理、明确；组织结构严谨；产权、股权划分适当；组织管理科学；管理制度健全合理。

4）对市场分析部分的考核

市场分析是创业计划书不可缺少的内容，在创业计划书考核中大约占10%的比例。

考核要求：市场调查分析严密、科学；详细阐明市场容量与趋势；对市场竞争状况及各自优势认识清楚，分析透彻；对市场份额及市场走势预测合理；市场定位准确。

5）对营销策略部分的考核

营销是创业计划书的重要内容，在创业计划书考核中大约占10%的比例。

考核要求：成本及定价合理；营销渠道通畅；促销方式有效，具有吸引力；有一定创新。

6）对财务分析部分的考核

财务分析、融资方案、投资回报等内容是创业计划书的核心，在创业计划书中占有较大的比例，一般占20%。

考核要求：财务报表清晰明了，且能有效揭示财务绩效；列出关键财务因素、财务指标和主要财务报表；财务计划及相关指标合理准确；列出资金结构及数量、投资回报率、利益分配方式、可能的退出方式等；需求合理，估计全面；融资方案具有吸引力。

7）对风险和风险管理部分的考核

该部分在创业计划书中不可缺少，一般占创业计划书的10%。

考核要求：对风险和问题认识深刻，估计充分；解决方案合理有效。

8）对创业计划书整体表述的考核

创业计划书是创业者综合素质的体现，它体现了创业者的语言文字能力，在创业计划书中占有一定的地位，一般占创业计划书5%的比例。

考核要求：专业语言运用准确；表述简洁清晰、少有冗余。

10.2.7　思路拓展

一份好的创业计划书是创业者的创业实施规划，对于成功创业具有非常重要的意义。真正的创业计划书最终不是用来参加比赛的，而是要用来指导创业者的创业活动，因此，创业计划书没有复制的可能，但是，参考他人创业计划书的制作，也可拓宽创业者的思路。所以，在制订创业计划书时，除了通过深厚的积累和敏锐的判断选择好创业项目、进行充分的调查研究、组建合理的创业团队外，借鉴别人的经验也是重要的，要多向创业指导专家请教，也可通过参考历年大学生创业设计大赛的优秀作品，学习别人的经验，提高创业计划书制作的水平。

项目 11

创业实施

【任务描述】

当创业者有了创业创意，具备了创业的基本条件后，就进入了创业的实施阶段。在创业实施阶段，除了要做好创业的准备工作外，还需要选择创业的项目，确定创业的模式，认识并化解创业风险，确定企业的名称与地址，并办理企业注册的相关手续。了解创业实施所要完成的工作，对大学生自身的创业是有一定的指导意义的。

【任务分析】

创业创意的最终目的是创业实施。创业实施是一个艰难的实践过程。为此，高职学生应当设法积累经验，对创业项目积极作市场调查和预测；了解创业项目和相关因素，合理进行项目选择；结合自身情况，进行创业模式的科学取舍；认识创业过程中的各种风险，遇到时能积极应对；最后是了解企业开办流程，准备相关资料，努力投身创业。

【环境准备】

1.每个学生配备教材一本。
2.准备多媒体教室一间。
3.有电子阅览室供查询资料。
4.联系一个大学生创业园区参观学习。

11.1 创业实施

11.1.1 创业准备

凡事预则立，预就是准备。有了充分的准备，才能干出一番事业。对于初出茅庐的创业者来说，经验不足，缺乏社会关系是创业的最大障碍。高职学生要想创业，必须经历一个学生时代到职业时代的转变，突破经验不足的瓶颈对创业者来说显得尤为重要。

1）创业的经验积累

对高职学生而言，积累创业经验一般有以下两种途径。

（1）在学校学习期间，通过学习、兼职等方式获得创业的初步经验

机遇总是垂青有准备的人，对有创业意向的高职学生来说，在校期间就应为以后的创业做一些初步的准备，积累一些必要的经验。一般来说，在一年级时，就应主动接受职业价值观方面的教育，开始了解自己的兴趣、特长和专业背景，为今后选择创业、确定职业

目标奠定基础。二、三年级时通过参加社会实践和实习活动，对专业的社会需求和发展前景深入了解，根据实践中自我适应程度的反馈信息，反思和调整自己的职业取向，初步确定与自己能力相吻合的职业选择。要对个人的创业条件进行分析，准确定位。

此外，还应做好市场调查和分析，准确掌握市场信息，做好市场预测，建立经营思路，设计市场进入策略，对经营项目的投资、筹资、成本、收益等作出可信的测算，学会常用的财务管理知识。

（2）为一家公司工作

对刚出校门的学生而言，这是比较实用和受欢迎的创业经验积累方式，相比在学校积累创业经验而言，在一家公司工作更接近于实战，不失为一个积累经验的更好的选择。大部分成功的创业者创业前都有过为别人工作的经历，这种经历使他们对本行业情况了然于胸，在复杂的人际关系中游刃有余，整合资源的能力大大提高并有可能积累到人生第一笔创业资金，这些构成了他们自身宝贵的职业财富。

为别人工作从而积累经验是一种比较可行的积累经验的方式，但是，我们应该去哪些类型的公司工作呢？对于许多毕业生来说，进入一个大型企业或外资企业是一个不错的选择，因为这样的企业相对来说比较正规，各方面保障措施和制度比较健全。而就准备创业的学生而言，进入一个小公司或许能够得到更好的锻炼。小公司内部机构简单，要求员工必须一人多能，并且老板会在最短的时间内让你尽快熟悉上手，这样就能使你迅速熟悉商业各个环节的状况并有机会亲自实践，简而言之，如果你抱着学习的态度，在小公司里亲身工作一年，将会补充和完善许多社会经验和商业经验，如果有机会，再进入大型企业进行宏观及系统方面的学习和尝试，为将来实现个人的独立创业打下一个良好的基础。

2）创业的市场调查和预测

（1）市场调查的作用

理智地选择并锁定好具体的行业目标是迈出创业的第一步。市场调查的作用是通过调查描述当前市场环境与行业状况、顾客需求与目标市场状况、竞争对手及自我经营状况等；根据描述分析行业、市场、顾客、自身经营与竞争者的现状与投资项目的可行性，并对未来作出尽可能准确的预测，从而将决策的风险降到最低的限度，从根本上提高成功的可能性。

（2）市场调查的内容

市场调查的内容是指在进行市场调查工作时应该调查的问题和所需搜集的资料。这是整个市场调查的核心，也是调查工作的目标所在，因此，在开展调查以前就必须明确。一般来说，市场调查主要有以下几个方面的内容。

第一，环境调查。主要是指市场所在地的政治法律环境、经济环境、社会文化环境、科学技术环境以及地理气候等因素的总称。这些环境直接决定了市场所在地的市场生态，也是创业者进行新产品开发，尤其是为产品开拓新的市场时必须考虑的因素。

当地政治法律环境。具体包括已经出台的法律、实际执行的情况等。

当地经济环境。具体包括国民经济运行情况和发展态势、市场体系的发育和完善程度、国家的产业政策等。

当地的文化环境。具体包括价值观念和标准、风俗习惯、生活方式、消费心理等。

还有当地的技术环境和当地及周围资源调查。

创业必须"因地制宜"，无论创业者面对怎样的市场环境，都必须对所在地的宏观环境进行考察分析。

第二，市场潜力调查。主要是指产品在目标市场上的销售前景，其目的是通过调查查明直接影响产品在目标市场上销售的各种因素，明确地分析在目标市场上组织销售的可行性及其发展前景，以便更好地选择产品的目标市场。

一般而言，影响产品市场潜力的因素主要有市场容量、消费方式和消费需求增长情况，影响需求的各种因素以及市场竞争等。在对某一市场的潜力进行调查时，就需要结合具体的产品，围绕上述要点搜集有关资料，进行深入分析。

第三，顾客调查。在整个生产——销售过程中，顾客是这个过程的最后也是关键的一环，消费者对产品的接受程度直接影响商业活动的成败。顾客调查一般应包括顾客构成、顾客购买力、消费心理、消费行为、消费动机、消费决策过程以及信息获取途径等。这些可以作为企业产品的市场定位以及营销决策的重要依据。

（3）市场预测

市场预测是在市场调查的基础上，运用科学的方法对市场需求以及影响市场需求变化的诸因素进行分析研究，对未来的发展趋势作出判断和推测，为企业制订正确的市场营销决策提供依据。市场预测主要包括以下几个方面。

第一，市场需求变化预测。主要是指商品的购买力及其投向的预测，包括生产资料市场购买力预测和消费市场购买力预测两个方面的内容。除现实购买力以外，对市场需求变化的预测还需要研究社会潜在的购买力。

第二，消费结构变化预测。主要内容是预测消费品市场的产品构成及其相应的比例关系。包括消费者的消费支出在不同商品之间的分布比例，变动趋势。其中最为关键的是居民消费的恩格尔系数的变化。

第三，产品销售预测。是指企业本身对产品销售前景的判断，包括对销售的品种、规格、价格、销售前景、销售额以及销售利润等方面变化的预测。其目的在于使产品适销对路，满足消费需求，提高企业经济效益。

第四，产品价格预测。是指根据企业产品的市场价格以及同类产品的市场价格对企业产品未来市场价格变化的预测。影响产品价格的主要因素有市场供求状况、市场竞争状况、产品价值规律等。

第五，产品生命周期预测。主要是对企业产品在生命周期中所处阶段即萌芽期、成长期、成熟期与衰退期的预测。

第六，资源预测。是指对企业所需要的原材料、能源等资源的供应状况及其变化趋势进行合理的预测，明确资源供应的数量、规格、质量、价格等，寻找降低资源成本的途径，增强企业竞争力。

第七，市场占有率预测。包括企业绝对市场占有率与相对市场占有率两方面的预测。

企业不仅应该预测本身产品的市场占有率及其变化趋势，还应该对同类产品、替代产品的市场占有状况及其变化趋势进行预测。

第八，生产技术变化预测。包括企业生产技术变化的预测、国内行业技术发展变化的预测以及国际先进技术发展变化的预测等。

11.1.2　创业项目选择

1）创业项目选择的相关因素

在市场经济中，创业者要想在商海中挤占一席之地，并在竞争中能够取胜，寻找到合适的创业项目是非常关键的一步。创业项目的选择是一项复杂的决策活动，需要综合考虑多种相关因素。其中需要考虑的主要有以下几点。

（1）个人兴趣与特长

兴趣是最好的老师。一个人只有选择了他喜欢又有能力做的事情，他才会自觉地、全身心地投入工作中去，并忘我地工作，才有可能在遇到困难和挫折时百折不挠，千方百计地克服困难，实现创业目标。因此，选择自己感兴趣、有特长的项目是创业成功的基础。

（2）对项目的熟悉程度

俗话说，隔行如隔山，创业者应该在自己熟悉的行业里选择创业项目，才能提高创业成功的概率。选择创业项目，要深入了解、熟悉项目本身以及项目所在的行业状况，唯有如此，才能取得成功。

（3）市场机会及利用能力

市场是最终的试金石，所以选择创业项目时在考虑了个人的兴趣与特长以及对项目是否熟悉之后，还要认真调查分析所选的项目是否有市场机会以及创业者本人是否具有利用市场机会的能力。

（4）能够承受的风险

创业本身就是一项"探险"活动。创业者把资金投入进去，谁也无法保证一定能够成功，一定能够赚钱，一定能够长盛不衰。因此，在选择创业项目之前，无论创业者对项目有多大把握，都必须考虑"未来最大风险可能是什么？""最坏的情况发生，我能不能承受？"等问题，如果答案是肯定的，那么，只要项目的预期回报符合你的预期目标，就可以进行投资。

（5）国家的相关政策与法律

政策和法律是保障。进行创业项目选择还必须考虑国家相关政策和法律法规因素。一是选定的项目是否属于国家政策和法律禁止或限制的范围；二是选定的项目是否属于国家政策和法律鼓励的范畴。创业者要尽可能在国家的政策、法律法规鼓励的范围内选择项目。

2）创业项目选择的原则

由于自身资源的缺乏，创业者在初期往往需要吸引外部投资作为创业启动的资金支持，而能否吸引投资或者吸引资金的多少以及最终能否取得创业成功，在很大程度上取决于创业项目的选择，所以创业者在项目的选择上一定要科学合理、细致全面、小心谨慎。具体而言，选择创业项目应遵循以下原则。

第一，以新取胜。创业本身就是一项创新活动，创业者需要一些敢为天下先的勇气。从市场角度而言，市场要求创业者能够抢占先机、出奇制胜。很难想象一个陈旧俗套、立意平平的创业项目如何能够获得投资者的青睐或者在激烈的市场竞争中站稳脚跟。

第二，内容为王。俗话说，靠山吃山，靠水吃水。创业者选择项目要充分考虑项目的资源状况，尽量选择有独特资源优势的创业项目。这种资源可以是资金、技术，也可以是矿产、区位等。如果能够慧眼独具，发掘自身特有的资源进行项目开发，往往更容易获得成功。

第三，市场第一。市场是一面旗帜。市场经济社会中包括创业在内的一切经济活动都要围绕市场进行。创业不但要乘"需"而入，还要尽量能够做到经久不衰，产品的市场支持力、市场容量及自身接受能力对创业者来讲至关重要，所以创业者要通过市场调查和预测考察所选项目在目标市场及目标群体的现实消费和潜在消费的状况，自己是否可以顺利进入市场等，尽可能选择那些具有广阔市场前景的项目。

第四，因时而动。时势造英雄，任何创业者都离不开他所处的历史背景。我国目前一个明显的特点是国家政策具有很强的推动性，产业政策往往深刻影响甚至左右一个产业的发展格局，国家和地方都出台了不少鼓励创业的产业政策。所谓"因时而动"，即如果一个创业项目符合国家的经济导向，它成功的机会将会大大提高，反之，则很容易中途夭折。

3）创业项目选择的方法

在目前我国经济发展的大潮中，机会可以说是无处不在，但多种选择有时未必是件好事。市场往往乱象丛生，海量的市场信息可能让很多人无所适从，那么创业者如何能够独具慧眼、拨云见日，敏锐地捕捉生活中的各种商机，确保创业成功呢？以下几种方法可以为我们提供借鉴。

第一，基本取舍标准。现实中的行业数以千计，怎样才算合适？绝对的具体量化标准谁也无法给出，大致的基本取舍标准则有三条：一是比较符合自己的兴趣、特长和基本条件；二是拥有一定的市场发展空间；三是存在足够数量的现实顾客或潜在顾客群体。一般来说，只要具备了这三条中的任何两条，这个"业"就值得去开创，而且成功的可能性很大。

第二，从因"我"制宜开始。就是充分发掘自身资源，凭自己的兴趣、特长及现有条件来开始创业。如你选定在农村发展，就可以从种植业、养殖业、加工业、运输业、饭馆等服务业上着手；如果你技术功底深厚，就不妨从应用技术等方面开始，或发挥技术特长，或以技术入股。这样发挥优势、因"我"制宜，不失为一条有效的创业捷径。

第三，填充空缺市场。空缺市场也称市场空当，指的是商家们暂时忽略或尚未发现的商业或者市场领域。无论社会经济多么发达，空缺都是永远存在的。谁发现了空缺，谁也就发现了商机；谁填充了市场，谁也就开辟了市场。

第四，进军潜力市场。从某种角度上说，任何商品从产生、发展到消亡的过程，始终都处于不断地完善之中。换句话说，潜力市场也是永远存在的，问题在于我们能不能去关注、发现它了。

第五，服务时政大局。时政大局向来是社会的热点，尤其是重大活动等事项、庆典、战争等事情，更是全民瞩目。这个时候的特殊需要，也就必然涌现出全新的市场机会。

第六，满足群体新潮欲望。创业的要件之一，就是要有基本的，最好是足够数量的消费群体，从这一角度上说，需要就等于市场。而人的需要总是在不断更新、变化的。有心的创业者也就总能从中不断地捕捉到机会。

第七，解决特殊群体的需要。人类的全部活动，脱不了吃、喝、玩、乐、睡、工这六大范畴。无论你在这六大范畴方面的要求多么出格，只要形成一定数量的群体，按照"需要产生市场"的原理，就会催生出一种产业，提供给一部分人以创业的机会。

第八，延伸、开发各种服务业务。这种创业项目的选择实际上就是利用成熟市场的衍生市场，利用消费者主流需求得到满足之后衍生出来的支流需求作为服务的楔入点。

选择创业目标的方法当然还有很多，无法一一列举，但总归是一个原则：一切从自己出发！在纷纭的世界里确定自己创业的方向和目标选择，把确定的目标做大、做强则需要创造。

11.1.3　创业模式

1）常见的几种创业模式

不同的创业模式各具特点，各有其优势特长。清楚每种创业模式的特点、优劣和适用性，可以为我们选择适合自己的创业模式提供借鉴。下面介绍4种基本的创业模式。

（1）白手起家模式

典型的白手起家型创业是从无到有，从零出发的创业形态。在诸多创业模式中，白手起家是难度系数最大的一种。白手起家即利用极少的资金，通过艰辛的努力从而创造自己的事业，最终积累一定的资金并走向事业成功。

要想成功运用白手起家的模式，以下4个方面是必需的。

第一，广泛的社会关系。白手起家的创业者因为自己没有资金实力，很难请到或请得起高水平的人才，也没有太多的钱用于广告或市场推广，所以创业之初的生意来源很大部分是靠社会关系，有了广泛的社会关系，产品或服务就有了一个好的销售渠道。

第二，有预见性。对于白手起家的创业者来说，要想成功就要寻求一个好的项目或者产品。通常白手起家的创业者在选择产品或项目时，一般要考虑以下3点：一是该产品或项目要顺应社会发展的潮流；二是要与众不同；三是推广时不需要或只需要很少的市场启动资金。这就要求创业者有一定的预见能力，能够把握好市场的发展趋势，从而找到并占领某一市场缝隙。否则，根本无法与其他企业或产品在竞争中抗衡。

第三，良好的信誉和人品。白手起家的创业者，只有靠自己的人格魅力，才能吸引一批与你志同道合、愿意跟随你的人，因为你出不起高工资招募合适的人才。同时，白手起家的创业者由于经营规模较小，所以商业信誉度不会很高，这时要用创业者的个人信誉和人品来担保。只有这样，别人才愿意并敢于与你合作，顾客也才能放心地和你进行商业交往。

第四，吃苦耐劳精神。白手起家的创业者要面对残酷的市场竞争。与财大气粗的竞争对手相比，白手起家者找不出什么竞争优势，只有靠自己的吃苦耐劳精神，付出比竞争对手更多的努力和辛苦。多做一些工作，多奉献一些爱心，去感动客户，这才是白手起家者最有力的竞争手段。

（2）收购现有企业模式

以低价买进经营状况差强人意的企业，或是企业主因为其他原因准备转让的企业，经过对企业进行整合、调整，改善其经营状况以达到获利的目的，或者以更高的价格售出。收购现有企业的优点是企业具备基础，在所有资源包括商誉、产品、客户、广告促销等方面具备一定的条件，可变因素较易掌握，因此更能节省创业者的时间及开办成本。采用收购企业模式需要注意弄清楚要收购的企业价值到底该如何计算。一般情况下，如果要将一家企业卖掉，其价格就是资产的变现值。罗列一下资产的市场价格，考虑一个折扣，就是企业的价值了。但对于有的企业，如一个商业化的个人主页，或者一个可供自由下载的共享软件，在计算时就需要用别的方法。这时可以参照举办该企业的成本来计算。可以将经营者在过去几年相关的支出（包括经营者的工资）归纳统计，最后得出的数字就是你考虑的数字范围了。

（3）依附创业模式

依附创业包括争取经销权、做指定供应商、内部创业、特许经营等，是创业模式中内容最丰富的一种类型。下面对其中的几种模式逐一说明。

第一，争取经销权——做代理商。代理商是生产商的经营延伸。做代理商既是为他人做嫁衣，也是在为自己积累经验。做代理商可以借助厂家有形的商品，为自己完成资本原始积累。同时，还能学习营销知识，建立渠道网络，可以一举两得。

做代理商必须注意，小企业之于大企业、代理商之于生产商，只能依附而不能依靠。最理想的状态是既有经营上的联系，又有资本纽带关系，但不是被人控股，不是挂靠或下属关系。这样就能保持独立，拥有较大的经营自主权，大大提高企业的生命值。

第二，做指定供应商——配套与贴牌生产。全球经济一体化时代，社会分工越来越细，一件商品的生产和营销往往被细分为众多的环节，由此为配套生产者提供了机会。虽然配套厂家起点低、利润薄，但投资也少，因此恰恰适合资金不足、经验缺乏的创业者。

贴牌生产有两种情况：一种是贴牌后自产自销，这称为借牌，需要交付贴牌费，一般只在区域市场销售；另一种就是产品生产出来后，交给原品牌所有者销售，也称为代工。前者风险大于后者，投入也大于后者，但贴牌资格比较容易取得，一般仅限于国内品牌。创业者可以酌情选择。

第三，内部创业。是指一些有创业意向的员工在企业的支持下，承包企业内部某些业务或项目，并与企业分享成果的创业模式。内部创业主要有两种形态：一是成立互助厂商，如员工在公司所允许的范围内，由公司内部另辟企业体系的创业模式。二是将企业中某个体系独立出来，以利润中心制度来成立新企业部门，而这个体系的成本、经营效益的盈亏必须完全自负。内部创业对创业者而言，风险较低，而由于其形成方式，大都是由母公司的员工独立出子公司创业，因此，可以获得原来母公司在许多方面（如产品、资金、人力、技术）的支援，这些成熟的条件将有利于创业者在创业过程中取得成功。

内部创业大多是合伙创业的模式，因此在创业之前，必须慎选合伙人，同时要事先言明各项合伙的条件，如股权、分红、事务分配等各方面都要清楚确定。如果母公司参与子公司的部分经营，也要将这方面的条件与权益明确制订在合伙协议书中。

第四，事半功倍的加盟创业——特许经营。加盟创业属于分享品牌金矿、分享经营诀窍、分享资源支持的创业模式。加盟者不用自己探索开创新事业的路子，只需向特许者支付一定的加盟费就可以经营一个知名的品牌，并能长期得到特许者的业务指导和服务。初期可以免费享受市场调查、投资风险预测、效益评估等经营策划；员工免费培训和设备的技术、维修保障；还有享受统一的物流、统一的管理模式、统一的广告宣传，这样就大大降低了创业者的投资风险。

目前，连锁加盟有直营、委托加盟、特许加盟等形式，投资金额根据商品种类、店铺要求、技术设备的不同，一般从数千元到数百万元不等，可满足不同需求的创业者。

采用特许经营的创业模式并不能保证创业一定成功。采用这种模式必须选择适合自己的特许经营品牌来做，而且在选址、可行性分析等方面尤其需要认真、细致地考察和分析。

第五，新兴网络创业。互联网改变了人们的生活，同时也提供了全新的创业方式。网络创业不同于传统创业，无须白手起家，而是利用现成的网络资源。目前，网络创业主要有两种形式：一是网上开店，在网上注册成立网络商店；二是网上加盟，以某个电子商务网站门店的形式经营，利用母体网站的货源和销售渠道。

网络创业的优势是门槛低、成本少、风险小、方式灵活，特别适合初涉商海的创业者。如易网、易趣、淘宝等知名商务网站，有较完善的交易系统、交易规则、支付方式和成熟的客户群，每年还会投入大量的宣传费用。但对于初次尝试网上创业的人来说，事先必须进行多方调研，选择既适合自己的产品特点又具较高访问量的电子商务平台。一般来说，网上加盟的方式更为适合，能在投入较少的情况下开业，边熟悉游戏规则，边依托成熟的电子商务平台发展壮大。

当然，创办自媒体也应当算是一种网络创业。

（4）在家创业模式

在家创业，准确地说是独立工作、不隶属于任何组织的人，不向任何雇主做长期承诺而从事某种职业的人。在家创业是脑力劳动者（作家、编辑、会计、广告设计、电脑编程等）或服务提供者，他们在自己的指导下自己找工作做，经常但不是一律在家里工作。

在家创业的优点是时间安排灵活；可以独立、不受外界干扰的工作；在家非常舒适；可以改善家庭生活，比如照顾孩子；工作上可以有很大的变化空间。缺点是打开局面困难；过度劳累；不能挣到足够的钱；需要克服孤独感；遭遇拒绝、不可靠的客户和供应商；对自由职业本人和家庭成员的压力。

2）创业模式的取舍

选择适合自己的创业模式是创业成功的关键。资金少、经验少、社会关系匮乏等诸多因素的困扰，通常使很多创业者裹足不前。准确判断自身的优势和劣势，选择最适合自己的创业方式，可以化解不利因素，促进创业成功。前面列举的四类创业模式可以说是各有优劣，怎样取舍起决于创业者自身的实际情况，适合自己的，就是最好的。在决定采用哪种创业模式时，要考虑以下几个方面的因素。

（1）适合自己的性格、兴趣、能力和特长

在开始之前，创业者需要对自己进行一个有效的评估，弄清楚自己的兴趣是什么？自己能力状况如何？在哪些方面有特长？只有在明白自己的前提下，才能决定选择什么样的创业模式。创业者应选择自己喜欢的事做。在未来的创业路上你要付出几年甚至十几年的艰辛工作，一个人如果做自己喜欢的事，整天工作也不觉得辛苦。如果是做自己不喜欢的事，每天工作一小时都是煎熬。很容易有一天因梦想遇到挫折，而在懒惰中放弃。

（2）了解每种创业模式的特点、优劣、资金需求以及适合对象

在前面的四类创业模式中，白手起家模式是创业门槛最低的一种，也是最艰难的一种。通常白手起家除了意味着缺少创业资金，还意味着创业者缺少创业必备的社会关系，必须依靠艰苦奋斗，通过一点一滴的积累和摸索建立起广泛的社会关系。因此，创业者必须具备超强的耐受力，百折不挠的顽强精神。白手起家模式主要适合那些有敏锐的商业眼光、较强的人际交往能力和意志品质比较顽强的创业者。

收购企业模式所需要的资金取决于收购对象的性质、经营状况等因素。这种创业模式适合那些已经在这个行业里工作过一定年限的人，他们对这一行业已经相当熟悉，具备相应的技能或是经营能力。因此，能够准确判断收购对象的价值和潜力，接手过来稍加整顿即可以走上正轨。

依附创业模式中的争取经销权和做指定商的创业模式虽然有"背靠大树好乘凉"的优势，但要注意，采用这两种模式一是资金需求相对较大；二是创业者在此之前已经在该行业中实践锻炼了相当的时间，已经积累了足够的行业专业知识和技能以及相关的经营管理知识。因此，这两种模式适合那些在该行业里打工，完成了相应积累的，也有一定资金的创业者。而内部创业则需要创业者原来所工作的企业能提供这样的机会。加盟创业的模式所需的资金多少不一，取决于所加盟的对象。同时，创业者需要对所加盟的行业有一定的了解。采用这种创业模式对创业者开始的经营管理能力要求不是特别高，但对创业者的基本素质还是有较高的要求。网络创业门槛较低，但对创业者的商业眼光、创新能力、道德素养及意志品质都是不小的考验。若这些方面不具备，进入了也容易被淘汰。

在家创业模式并不适合大多数创业者，它对创业者的专业知识、专业技能要求特别高。一般而言，它主要适合那些已经在本行业工作相当长的时间，积累较高的专业知识和专业技能的人。

创业模式的取舍是一个选择过程，既需要对自己有准确的认识，又要求对所选择的创业模式有深入地了解。这样才能找到最适合自己的创业模式。

11.1.4　创业风险及其应对

创业必然存在一定的风险，但所有新创业并不都是高风险的，风险也并非危险，管理学大师德鲁克指出，"事实上，因为少数所谓的创业家无知，缺乏管理方法，违反管理规

律，从而给创业精神的发挥蒙上了风险的色彩"。由此可以看出，德鲁克本人承认风险的存在，但认为只要管理得当，是可以完全降低甚至是避免风险的。

创业风险是指新企业在创建与成长过程中，由于外部政策变化、技术更新、市场的不确定性、成熟企业的竞争等外部环境和创业企业自身的复杂性、创业者（创业团队）能力的有限性、企业管理经验的欠缺性等内部因素，而导致创业企业的发展目标偏离预期创业计划和目标的可能性以及由此产生的一系列不确定后果。

1）创业风险的来源及其表现形式

大学生创业风险来源于多个方面，其中，最为主要的风险来源于四个方面：商机、市场、团队和资源。来源于市场的风险主要表现为：市场竞争程度加剧，市场需求发生了变化，市场竞争策略效果差。来源于团队的风险主要表现为：创业者能力差、团队的协作能力差、组织结构和制度的设计跟不上企业规模的发展。来源于资源的风险主要表现为：融资风险、技术风险和行业环境风险。当然，还有很多来源于其他方面的风险，如法律法规的改变、行业标准的改变，在此，主要讨论创业者所遇到的最普遍的创业风险。

（1）商机

商机是指从事商业活动并能由此产生利润的机会。发现商机是创业初期关键的一步，创业者找准了商机，才会有创业成功的可能性。创业者首先需要准确把握和识别商机，然后形成有效的商业模式，方能使创业项目产生效益。这需要创业者具备敏锐的洞察力和预见性，通过对市场的研究和预测，发现目前或未来一段时间内的市场商机。目前的商机往往很容易被大多数人所察觉，因此，来抢占这个商机的创业者也会很多，市场的竞争会变得激烈，它所能带来的利润会减少。未来的创业商机具有隐蔽性，只有那些能力强、有远见、有胆识的人才能发现它。当然，未来商机所带来的创业风险也会更高，未来收益也可能更高。

任何商机并不是创业者凭空想象的，它不仅要建立在市场需要的基础上，而且要具备普及推广的可行性，要有现实盈利的可能性。此外，创业者还要考虑商机实现盈利的可能性，也就是要找准商业运营模式。对于不同行业、不同项目，其现实转化条件大不相同，其商业运营模式也不尽相同，这需要创业者具有非凡的洞察力，根据不同条件采用适宜的商业模式。

随着产业结构的调整升级，新技术的发明和普及，新行业的出现和发展，行业之间的互相渗透日益加深，行业交叉带来诸多新的市场商机。例如，近年来蓬勃发展的电子商务，就是商业和IT业相互渗透而成的新兴市场，其商业模式就是通过互联网销售传统的商品，由于节省了卖场的租金而大大降低了商品的售价。

以下列举大学生创业商机识别的一些评判标准，可以用于参考：

①可以带来长时间持续的收入。

②有一定数量的消费群体。

③产品的附加值较高。

④产品所在的细分市场竞争并不激烈。

⑤具有一定的市场成长率。

⑥拥有较低的成本供货渠道，具有成本优势。

⑦投资回报率预期能达到30%。

⑧具有一定的融资渠道，融资压力不大。

（2）市场

市场风险主要表现为：市场竞争程度加剧，市场需求发生了改变，实施了错误的市场竞争策略。一般认为企业在市场中面临着五种类型的竞争压力：同行业的竞争、潜在进入者的威胁、替代产品的威胁、供应商的还价能力和消费者的还价能力。因此，市场竞争是十分激烈的，只有灵活运用商业战略才能胜出，因此，"竞争战略之父"波特提出了三种战略选择：成本优势战略、差异化战略和缝隙市场战略。

人们的需求是多种多样的，大企业不可能完全满足市场需求，必然会存在一些小的市场需求没有被满足，这就让中小型企业具备了市场生存的空间。市场需求的差异化是大中小企业并存的理由，细分市场使得小企业的存在更有价值。大学生所创立的企业多为小型企业，很难有雄厚的资金、人力、技术支持，所以更要想办法避开竞争激烈的领域，选择进入竞争程度较弱的缝隙市场，采取差异化战略和缝隙市场战略。

人类的需求始终处于不断地变化中。在商品经济发达的今天，企业的生产经营活动越来越受制于市场需求，而市场需求又是一个不断发生变化的不可控因素，没有准确把握市场需求的企业必然会招致失败的风险。美国科技市场研究公司CB Insights总结出了创业公司失败的20大主要原因，其中，没有市场需求位列第一位，资金耗尽位列第二位，缺乏好的创业团队位列第三位。所以，创业者必须要准确把握消费者的需求变化，根据消费者的需求和变化及时调整企业的发展策略。

（3）团队

创业项目处于复杂多变的经济和社会环境中，创业成功与否与创业团队是否具备高超的运营能力和应变能力有着直接的关系。创业者或创业团队必须具备学习的能力、应对风险的能力、具有创造力、领导力和沟通能力，还要适应市场环境的瞬息变化。创业团队管理能力的优劣，直接决定了企业运营风险的大小。而高素质的创业团队及良好的组织结构则是管理好企业的重要前提和保障。因此，创业团队的好坏应从团队领导者的基本素质、团队的协作能力、组织结构与制度设计3个方面来衡量。

在创业团队中，领导者的能力起关键作用。领导者的能力可以从专业知识水平、领导能力、创新能力、诚信、心理素质及战略决策能力6个方面来衡量。

①专业知识水平。创业者应具备敏锐的市场洞察力和较为丰富的企业管理知识，对企业经营所涉及的技术、工艺知识比较了解。

②领导能力。创业者应具备解决创业及企业成长过程中遇到的各种复杂问题的能力，能够获得创业团队的信任，能够带领团队克服创业中的困难。

③创新能力。创业者应具备发现新问题、产生新思路、提出新观点和找出新方法的能力。

④诚信。创业者应具有强烈的社会责任感、事业心和敬业精神，待人处事做到"言必信，行必果，一诺千金"。

⑤心理素质。创业者应具备敢于冒创业风险、具有强烈的自信心、能吃苦耐劳、有强烈的成功欲望等心理素质。

⑥战略决策能力。创业者应能及时根据企业所处的环境变化，准确地制订创业的方向、目标和战略决策，选择恰当的实施方案。

团队合作精神被认为是企业发展的一个重要的决定因素。团队协作能力是指建立在团队基础之上，成员间互补互助以达到团队最大工作效率的能力。团队成员需要在不同的位置上各尽所能，与其他成员协调合作，从而促进企业的发展。团队协作能力可以从团队经营管理能力、风险管理能力、执行能力3个方面来衡量。

①经营管理能力。创业团队能很好地协调企业发展的各项工作，如生产、营销、技术、人力资源、财务等，能使企业的经营目标顺利地执行，并根据情况进行有效的调整。

②风险管理能力。创业团队具备对创业风险的预测、预控、预防、评估和化解的能力。

③执行能力。创业团队具备将企业发展战略变为行动，把行动变为结果，并保质、保量完成任务的能力。

好的领导者、创业团队必须要有好的组织架构和制度作为黏合剂，才有可能获得创业的成功。完善的组织架构和制度可以发挥团队力量、合理配置资源、调动积极性、提高企业生产率。组织架构和制度可以从组织机构的协调性、管理制度的完善性和分配制度的激励性来衡量：

①组织结构的协调性。企业的流程运转、部门设置及职能规划能否很好地进入企业的内部分工，达到企业的最大产出。

②管理制度的完善性。企业制订的管理制度是否已经覆盖了企业生产经营的活动。

③分配制度的激励性。企业制订的分配制度是否很好地做到了企业发展与员工福利的平衡，是否有效地激励了员工的工作积极性。

（4）资源

创业资源是指在新创企业成长的过程中所必需的资金、技术和环境等资源。资金和技术是直接参与了企业的生产经营活动资源，称之为企业发展的要素资源。而那些没有直接参与企业生产经营活动，但是其存在可以影响企业运营效率的资源，被称为环境资源。例如，允许民营资本进入金融行业，国家提高劳动者最低工资标准等。从创业融资风险、技术风险和行业环境风险3个方面来衡量。

①融资风险。企业由于筹资规划而引起的收益变动的风险。

②技术风险。由于企业拥有的技术落后，技术研发的失败，新技术的出现和替代而导致企业遭受损失的风险。

③行业环境风险。由于企业所处行业环境发生了变化而导致的风险，如产业政策、行业发展前景、产业布局等。

2）创业风险的应对

（1）了解相关的法律、法规，熟悉有关的政策

创业过程中，避免不了与法律打交道，如果不了解相关法律，或者对相关项目的政策

不了解，很有可能自己在无意间触犯了法律，或容易上当受骗。所以要查阅项目相关的法律知识，向相关管理部门、工商行政管理部门和专业法律人士多了解咨询，这些通常是对创业者有帮助的。

（2）严把产品和服务质量关

如果产品质量不合格或服务质量不过关，最后只能招致顾客的流失，从而造成大量的损失。在产品上市或者推销给顾客之前，要严把质量关，没有良好的质量，信誉度就会下降，从而失去市场，产品如此，服务也如此。

（3）充分的市场调研

很多企业创业前对所选项目的市场调研与分析不够，眼光放得不够远，只考虑到眼前的利润，导致经营一段时间后，由于新近技术越来越多地占据了市场份额，使原本的朝阳行业，由于分析不足而走向了没落。因此前期规划时，一定要对未来的形势有一个把握，如果把握不准，宁肯更换项目，也不要冒险尝试，因为你没有足够的资本去承担所有的损失。

（4）着力做好市场营销工作

有了优质的产品，却没有营销渠道，也就是没有市场，这是需要创业者自己开发的，就大学生而言，建立起有力的营销渠道并非易事，却又是不得不去做的一件事情，在创业初期就要建立起自己的人脉体系，依赖人脉拓宽市场，建立更多的营销渠道探索多样的营运模式，只有这样才能支撑企业不断发展壮大，维持基业长青。

11.2 创业启动

当你已经具备了创业的条件，接下来就是立即行动起来，投入创业的活动中。不过，在正式的经营活动开始之前，有些技术性工作还是少不了的。还有许多因素需要仔细考虑。首先要考虑的是企业的定名和选址。

11.2.1 企业的定名和选址

1）企业的定名

虽说一个企业经营的好坏根本上在于自身是否能向社会提供优质的产品或服务，但是，一个具有高度概括力和强烈吸引力的公司名称，对大众的视觉刺激和心理等方面都会产生影响。一个设计独特、易读易记，且富有艺术和形象性的公司名称，能迅速抓住大众的视觉，诱发其浓厚的兴趣和丰富的想象并留下深刻的印象。因此，给企业起一个好的名称也是创业者必须要考虑的。在企业定名上应遵循以下7个原则。

第一，简洁明快。公司/店铺定名应以简洁为好，易读易记。店名不能起得太复杂，否则会适得其反。名字字数少、笔画简单，易于和消费者进行信息交流、便于消费者记忆，同时还能引起大众的遐想，寓意丰富。

第二，符合公司/店铺理念、服务宗旨以及公司/店铺形象塑造的要求。公司/店铺定名必须与经营商品相吻合，通常能反映经营者的经营内容和特色，或反映主营商品的优良品质，使消费者易于识别其经营范围，并产生购买欲望。

第三，具有独特性。公司/店铺名新颖，不落俗套，能迅速吸引消费者的视觉，引起他们的兴趣。另外，个性的公司/店铺名称也避免与其他公司/店铺名称雷同，以防混淆大众记忆，并可加深大众对公司/店铺的印象。

第四，响亮震撼，易于上口。具有冲击力、有气魄的公司/店铺名称往往在吸引顾客方面更胜一筹。

第五，用字吉祥、给人美感。在商业传统尤其是中国文化背景下，用语不祥历来是商家大忌。所以公司/店铺定名应用一些符合中国人传统审美观的字样，不但给予公司/店铺以良好期望，也给人以舒适安全的心理感受。

第六，有文化艺术底蕴。有一定文化艺术底蕴的名称能给人以文化艺术情操的陶冶和感染，使消费者获得一种独特的文化艺术审美享受。

第七，遵守法律规定。我国对于公司/店铺定名有一系列相关规定，例如，企业不得使用下列对国家、社会或者公共利益有损害的名称：外国国家（地区）名称；国际组织名称；以外国文字或汉语拼音字母组成的名称；以数字组成的名称等。这些规定构成公司/店铺定名的底线，所有公司/店铺定名时必须遵守。

2）企业的选址

不论创立任何企业，地点的选择都是决定成败的一大要素，尤其是以门市为主的零售、餐饮等服务业，店面的选择，往往更是成败的关键，店铺还没有开张，就先决定了成功与否的命运。可以这样说：好的选址等于成功的一半。从经济学与地理区位的角度来说，公司/店铺选址确实大有学问。一个好地址至少应具备以下六大条件中的两条以上。如果能六条都具备，那就是真的"风水宝地"了。

第一，商业活动频繁。对每个城市而言，闹市区的商业活动一般都是极为频繁，把公司/店铺尤其商店设在这样的地段，营业额自然高居不下。因为这样的地段就是所谓的"寸土寸金"，消费能力十分巨大。相反，如果在非闹市区，甚至一些冷僻的街道设址，门可罗雀，人迹罕至，营业额自然有限。

第二，人口密度高。任何经营都是针对顾客的，都讲究一个"人气"，因此居民聚居、人口集中的地方最适宜设址经营。在这些地方，人们各种各样的商品需要构成了一个庞大的消费市场。如果公司/店铺能在这样的地方立足，致力于满足消费者需要，自然会有做不完的生意。另外，这样的地方顾客需求比较稳定，销售额不会大起大落，可以保证商店的稳定收入。

第三，顾客流量大。从商业的角度来看，"客流"就是"钱流"。在车水马龙、客流量大的热闹地段经营，成功的概率往往比普通地段高出许多。对经营小型商铺的创业者来说，客流量对收入的影响更为直接。

第四，公众聚集密。如剧院、电影院、公园等娱乐场所，或者大工厂、学校、机关等附近也是值得考虑的选址地点。

第五，同类店铺多。长期的经营中，某些街区会自发形成经营某类商品的"集中市场"，这种"规模效应"往往会吸引更多顾客。

第六，交通条件好。旅客上下车最多的车站、主要车站附近，或者在顾客步行不超过20分钟的路程内的街道往往盈利最多。没有顾客愿意到一个位置偏僻、需要几经辗转甚至根本就没有公交车经过的商店购物。

上述六条都具备的地区，就是平时我们说的繁华商圈了。但对于创业者来说，在创业初期，繁华商圈寸土寸金的昂贵月租或者价格不菲的转让费是很难承担的。即使资金没问题，大多数繁华商圈位置已被人捷足先登了，创业者想取得一席之地并不容易。针对这种情况创业者不妨暂时放弃繁华商圈，转向繁华商圈之外的次商圈。这样可以节约大量的资金，同时仍然可以分享繁华商圈的旺盛人气。

11.2.2　企业的登记和注册

创业者不论设立何种形式的企业，都需要依法到工商行政管理局登记注册，领取营业执照，这样才算合法开业。下面介绍几种类型的企业登记注册的法律规定和相关程序。

1）有限责任公司的登记

有限责任公司是依照《中华人民共和国公司法》设立，股东以其出资额为限对公司承担责任，公司以其全部财产对公司债务承担责任的企业法人。设立有限责任应具备的条件主要有以下几个。

第一，股东符合法定人数。

第二，股东出资额达到资本最低限额。

第三，股东共同制定公司章程。

第四，有公司名称及符合有限责任公司要求的组织机构。

第五，有公司住所，即固定的生产经营场所和必要的生产经营条件。

申请有限责任公司登记注册时，应提交下列文件、证件：

第一，公司董事长签署的公司设立登记申请书。

第二，全体股东指定代表或者共同委托代理人的证明。

第三，股东法人资格证明或者自然人身份证明。

第四，具有法人资格的验资机构出具的验资证明。法定资格的验资机构应为登记机关注册的具有法人资格的会计师事务所和审计师事务所。

注册资本的出资方式可以是货币、实物、土地使用权等，其中的相关规定有：

第一，股东以实物作价出资的，应提交具有评估资格机构出具的资产评估报告，属国家资本的还须提交国有资产管理部门所出具的确认书。

第二，股东以土地使用权作价出资的，应提交具有土地评估资格的机构出具的评估报告和土地行政管理部门出具的确认书。

第三，股东以工业产权、非专利技术出资的，应提交工业产权、非技术专利作价依据或报告，并经全体股东认可。

第四，国家资本出资的，应提交国有资产管理部门的投资证明。

2）个人企业的登记注册

个人企业是指依照《个人独资企业法》在中国境内成立的，由一个自然人投资，财产为投资人个人所有，投资人以其个人财产对企业的债务承担无限责任的经营实体。个人独资企业对注册资金实行申报制，没有最低限额基本要求。设立个人独资企业应具备以下条件：

第一，投资人为自然人，法律法规禁止从事营利性活动的人不得作为个人独资企业投资人。

第二，有合法的企业名称，名称中不得使用"有限""有限责任""公司"字样。

第三，有投资人申报的出资。

第四，有固定的生产经营场所和必要的生产经营条件。

第五，有必要的从业人员。

申请办理个人独资企业的设立、变更、注销登记和备案，凡材料齐全，符合法定形式，工商行政管理机关当场作出登记决定，并在5个工作日内核发营业执照或其他登记证明（申请人以非固定形式提交行政许可申请的，受理审核时应按国家工商行政管理总局《企业登记程序性规定》执行）。

注册成立个人独资企业，一般要经过以下步骤。

第一，咨询后领取并填写《名称预先核准申请书》《指定（委托）书》，同时准备相关材料。

第二，递交名称登记材料、领取《名称登记受理通知书》，等待名称核准结果。

第三，按《名称登记受理通知书》确定的日期领取《企业名称预先核准通知书》，同时领取《企业设立登记申请书》；经营范围涉及前置审批的，办理相关审批手续。

第四，递交申请材料，材料齐全，符合法定形式的，等候领取《准予行政许可决定书》。

第五，领取《准予行政许可决定书》后，按照《准予行政许可决定书》确定的日期到工商局交费并领取营业执照。

设立个人独资企业登记注册应提交的文件、证件主要有：

第一，《企业设立登记申请书》（内含《企业设立登记申请表》《投资者名录》《负责人登记表》《企业住所证明》等表格）。

第二，《名称预先核准申请书》《企业名称预先核准通知书》及其他名称预先登记材料。

第三，《指定（委托）书》（投资人自己办理的，不必提交《指定（委托）书》）。

第四，《企业秘书（联系人）登记表》。

第五，经营范围涉及前置许可项目的，应提交有关审批部门的批准文件；涉及后置许可项目的，应提交《承诺书》。

11.3 任务实施

11.3.1 积极作创业准备

通过教师授课，引导学生通过初步体验，做市场调查等，做好创业准备。

11.3.2 创业项目选择

通过教师授课，学生讨论，参观大学生创业园区，选择创业目标。

11.3.3 创业模式选择

通过教师授课，学生网络查询，结合学生自身情况，作出创业模式的取舍。

11.3.4 创业风险及其应对

通过教师授课，向亲友征询，网络查询等方式，了解创业风险，吸取创业失败者的教训，懂得尽量规避创业风险。

11.3.5 努力启动创业

通过教师授课，到工商行政管理部门咨询，积极准备相关资料，努力开办企业。

11.3.6 任务考核

①以小组为单位，就大家感兴趣的创业项目做市场调查，撰写一个调查报告，到班上交流。

②联系一个大学生创业园区参观学习，结合课堂教学和个人实际情况，就创业项目的选择或创业模式的选择问题在班上交流发言。

③每个同学搜集一个创业失败的案例，以小组为单位把故事讲给大家听，共同分析创业风险在哪里，如何应对？

④到学校所在地的工商行政管理部门办证大厅，查询企业开办流程，了解企业开办情况，准备企业开办资料，谈谈自己还差哪些条件？

参考文献

[1] 崔晓琴, 赖麟, 许亚东.大学生职业规划与就业指导[M].北京: 高等教育出版社, 2010.

[2] 宋剑涛, 等.大学生职业规划与就业指导[M].成都: 西南财经大学出版社, 2014.

[3] 叶政.大学生职业规划与就业指导教程[M].2版.北京: 科学出版社出版, 2015.

[4] 王素林, 郝丽琴.高职学生职业生涯规划与就业创业指导[M].北京: 北京师范大学出版社, 2012.

[5] 胡恩立.大学生职业生涯规划与就业指导[M].北京: 清华大学出版社, 2013.

[6] 王裕清.大学生职业生涯规划与就业创业指导[M].北京: 北京邮电大学出版社, 2014.

[7] 蒋承勇.大学生职业生涯规划与就业指导[M].北京: 高等教育出版社, 2015.

[8] 杨河清.职业生涯规划[M].北京: 中国劳动社会保障出版社, 2009.

[9] 布莱克韦尔.创业计划书[M].褚芳芳, 闫东, 译.北京: 机械工业出版社, 2009.

[10] 何传添.大学生创业管理教程[M].北京: 清华大学出版社, 2015.

[11] 马士斌.生涯管理: 让辉煌事业伴随人的一生[M].北京: 人民日报出版社, 2001.

[12] 吴国存.企业职业管理与雇员发展[M].北京: 经济管理出版社, 1999.